LE PETIT

TÉLÉ-TRAVAIL

F. Gault

2021

Le petit Télé-travail

L'essentiel en bref

Dunod

11 rue Paul Bert, 92240 Malakoff
www.dunod.com
ISBN 978-2-10-082070-2

Définition générale du télétravail

S'il existe de nombreux textes encadrant le télétravail en France, sa définition est assez stable depuis qu'il est apparu dans le paysage juridique en 2002. Par télétravail, on entend ainsi « toute forme d'organisation du travail dans laquelle un travail qui aurait pu être exécuté dans les locaux de l'employeur est effectué hors de ces locaux de façon volontaire en utilisant les technologies de l'information et de la communication. » Que retenir de cette définition ?

- **Le télétravail est une modalité d'organisation**, et ne remet donc nullement en cause les droits et les devoirs associés au statut du salarié ou de l'agent.
- **Le télétravail à domicile** n'est pas l'unique forme de télétravail, puisque la définition est ouverte à tout lieu situé « hors des locaux de l'employeur » (ex : café, coworking…).
- **Le travail itinérant** (ex : livreur) n'est pas du télétravail, puisqu'il ne s'agit pas d'un travail « qui aurait également pu être exécuté dans les locaux de l'entreprise ».
- **Le télétravail utilise le digital, par lequel s'opèrent** les liens contractuels avec l'employeur, et permettant la distinction avec du « travail à domicile » (ex : artisan).
- **Le télétravail n'est pas un droit**, car il doit être effectué « de façon volontaire », tant du côté de l'employé que du côté de l'employeur, l'un comme l'autre pouvant refuser.

Le télétravail en cas de force majeure

Le principe de volontariat fait toutefois l'objet d'une exception notable, ainsi formulée dans la législation : « En cas de circonstances exceptionnelles, notamment de menace d'épidémie, ou en cas de force majeure, la mise en œuvre du télétravail peut être considérée comme un aménagement du poste de travail rendu nécessaire pour permettre la continuité de l'activité de l'entreprise et garantir la protection des salariés. »

En vertu de ce principe, les employeurs ou les autorités peuvent donc imposer le télétravail. Ce fut le cas durant la crise sanitaire de 2020, mais ce le fut également lors de périodes d'intempéries, de grèves, de terrorisme, de pics de pollution… Les modalités d'application de ce principe n'ayant jamais été précisées par le Conseil d'État, c'est aux employeurs qu'il est souvent revenu, en pratique, de juger de la nécessité d'activer ce principe, et d'en définir les modalités.

Le recours considérable à cette forme de télétravail, en 2020, a toutefois mis en lumière le besoin de clarifier ce principe. Ainsi, le télétravail a-t-il été présenté comme « obligatoire partout où il est possible » par le gouvernement en octobre 2020, sans que cette obligation ne soit traduite juridiquement dans le décret 2020-1310 prescrivant les mesures pour faire face à la seconde vague de l'épidémie. Un certain nombre d'employeurs ont donc refusé le télétravail là où il était pourtant possible. Ce faisant, qui le salarié doit-il écouter ? Peut-il lui aussi invoquer le principe de force majeure et de menace épidémique ?

Par ailleurs, le télétravail en situation de confinement a fait émerger des dérives qui – bien que rares d'un point de vue statistique – sont suffisamment graves pour attirer l'attention. Ainsi des risques psychosociaux dus à l'isolement ou au surmenage ; des pratiques managériales intrusives ou harcelantes ; ou des manquements quant à la mise à disposition des outils de travail par l'employeur. Pour ces diverses raisons, les partenaires sociaux ont exigé du patronat français une renégociation du cadre juridique du télétravail – discussions en cours à l'heure où ces lignes ont été rédigées.

Autres formes de télétravail

D'autres situations peuvent amener à déroger au principe clef du volontariat. C'est par exemple le cas du télétravail pour raison de santé, en notant cependant que c'est au médecin du travail de le prescrire (et non pas au médecin de ville) ; et qu'il ne s'agit légalement que d'une « proposition » sur laquelle l'employeur garde le dernier mot.

Le principe de volontariat peut aussi être partiellement remis en cause dans le cadre de fermeture de sites ou de procédures de sauvegarde de l'activité. Dans ces circonstances, différentes options sont généralement négociées par les partenaires sociaux, et il est coutume d'envisager la possibilité de télétravailler depuis un tiers-lieu afin d'éviter le risque d'isolement lié à un télétravail entièrement réalisé à domicile.

Les différences entre public et privé

Historiquement, le texte de référence est l'Accord National Interprofessionnel de 2005 qui, ayant été étendu en 2006, s'applique à l'ensemble du secteur public et privé. Cependant, les évolutions législatives récentes ont rendu caduque une partie de cet ANI. Pour le privé, le cadre de référence est désormais constitué des articles L1222-9 à L1222-11 du Code du travail (tels qu'amendés par ordonnances en 2017). Pour la fonction publique, il faut se référer aux décrets d'application 2016-151 et 2020-524. Bien que partageant maintes similitudes, les modalités du télétravail peuvent donc varier entre le privé et le public, avec un cadre plus restrictif pour ce dernier. Voici les principales différences.

	Secteur Public	Secteur Privé
Fréquence	3 jours maximum par semaine	Pas de restrictions
Lieu	Domicile ou local professionnel	Pas de restrictions
Encadrement	Par pouvoir réglementaire	Par accord ou charte
Autorisation	Par écrit	Par tout moyen
Indemnisation	Systématique	Variable
Terminaison	Préavis de 2 mois	Pas de préavis minimum

Accords de branches

En sus des différences entre public et privé, l'environnement légal peut également varier selon les branches. Il existe par exemple un accord télétravail spécifique pour la branche « télécommunication » et pour celle de la « vente à distance » ; il existe des conventions collectives à ce sujet pour l'assurance ou le notariat... De même les dispositions peuvent varier selon qu'on se situe dans la fonction publique centrale, territoriale ou hospitalière. Il convient donc de maîtriser ces environnements juridiques – ou à défaut, de solliciter un conseil – avant de structurer une politique de télétravail dans son organisation.

Jurisprudence

Il existe une cinquantaine de décisions de justice sur le sujet du télétravail, en particulier sur les questions de l'indemnisation, du reclassement et de la terminaison du télétravail. Ces décisions traitent souvent des situations où le télétravail était mal contractualisé, voire convenu de façon informelle, aboutissant à des décisions plutôt favorables aux télétravailleurs. Il est donc essentiel pour les employeurs d'éviter de telles zones grises, et de bien structurer et formaliser le télétravail en leur sein.

Faut-il formaliser le télétravail ?

Le Code du travail permet dans certains cas de télétravailler sur base du gré à gré, sans formalisme particulier. Phénomène qui s'est généralisé en 2020 suite au confinement sanitaire. Toutefois ce manque de formalisme – appelé télétravail gris – peut poser problème, donnant parfois lieu à des contentieux en justice (*cf.* page 8). Il est donc recommandé de formaliser le télétravail afin d'établir des règles claires, opposables aux différentes parties. Deux axes de régulation & de formalisation sont alors disponibles : un axe collectif, et un axe individuel.

La régulation collective

La règle

Dans le public, c'est « l'autorité investie » qui fixe les modalités du télétravail, par exemple *via* un arrêté ou une délibération, après avis du comité technique ou consultatif. Dans le privé, « le télétravail est mis en place dans le cadre d'un accord collectif ou, à défaut, d'une charte élaborée par l'employeur après avis du comité social et économique ». Les principales différences entre ces deux outils sont les suivantes.

	Accord	Charte
Rôle du CSE	Négociation & signature	Consultation, avis non-contraignant
Valeur réglementaire	Disciplinaire, opposable	Non opposable en cas de contentieux

La pratique

Il est courant d'opter pour un accord dans les grandes entreprises, et de préférer la charte dans les TPE et PME. Il est recommandé d'annexer la charte au Règlement Intérieur, afin de lui donner une valeur réglementaire en cas de contentieux (à défaut, nulle règle ne sera opposable). En complément, il est possible de retranscrire les règles de la charte au niveau des avenants individuels ; en notant bien que cela ne fera jamais office de règlement collectif, lequel est indispensable pour éviter les risques d'iniquité.

Le contenu

La législation stipule que l'accord ou la charte doit notamment définir les conditions de passage en télétravail et de terminaison, les modalités de temps de travail et de contrôle, ou encore les activités éligibles dans le secteur public. De nombreux autres sujets doivent toutefois être encadrés. Le tableau ci-après présente de façon plus exhaustive ces sujets – lesquels seront détaillés ultérieurement dans cet ouvrage.

Niveau de formalisation ❑	Coll.	Indiv.
Lieu(x) du télétravail	❑	❑
Fréquence du télétravail	❑	❑

■■■

Plannification et annulation des jours de télétravail	❑	❑
Conditions d'éligibilité	❑	
Procédure de candidature & de validation	❑	
Procédure de formalisation	❑	
Accompagnement & formation	❑	
Plage horaires de joignabilité	❑	❑
Temps de travail durant les jours de télétravail	❑	
Modalités de contrôle du travail	❑	
Règles de santé et sécurité en télétravail	❑	❑
Matériel & logiciels mis à disposition	❑	❑
Règles d'usage des outils et de sécurité des données	❑	
Indemnisation des coûts du télétravail	❑	❑
Annulation & terminaison du télétravail	❑	
Durée d'application	❑	❑

▶ La formalisation individuelle

La règle

En dehors de circonstances exceptionnelles, le télétravail sans formalisation individuelle du télétravail n'est pas réglementaire dans la fonction publique, une « autorisation d'exercice du télétravail » devant être remise à l'agent intéressé (décret 2020-524), et une convention étant généralement signée. Dans le secteur privé, l'avenant au contrat de travail est historiquement de rigueur, afin de formaliser l'acceptation par le salarié des droits et devoirs liés au télétravail. Mais depuis 2017, le Code du travail indique que « en l'absence d'accord ou de charte, le salarié et l'employeur formalisent leur accord par tout moyen », et la mention à l'avenant au contrat de travail à disparu.

La pratique

Une « formalisation par tout moyen », par exemple par téléphone, en l'absence de règles collectives, augmente le risque de contentieux. Aussi l'avenant individuel reste-t-il de mise dans les grandes organisations. Les PME y recourent cependant de moins en moins, pour simplifier leur administration RH. Il est dans ce cas indispensable de bien formaliser le télétravail à échelle collective ; et de garder une trace de ce qui est convenu entre le salarié et l'entreprise. Cela peut par exemple se faire lors de l'entretien annuel avec le manager ; ou par un processus de validation des clauses du télétravail sur le SIRH.

Le contenu

En sus des modalités collectives précédemment exposées, les modalités particulières convenues à l'échelle individuelle sont généralement les suivantes : nombre de jours de télétravail, planification de ces jours, lieu(x) autorisé(s) de télétravail, plages horaires de joignabilité, durée de validité des modalités.

L'indemnisation du télétravail

Décision de l'entreprise

Les règles d'indemnisation du télétravail datent d'une époque où les abonnements Internet n'étaient pas illimités : télétravailler générait donc un coût substantiel pour le collaborateur. Depuis, cette indemnité tend à disparaître, ce qu'ont confirmé les évolutions législatives de 2017, qui ne mentionnent plus « la prise en charge des coûts découlant directement de l'exercice du télétravail ». L'indemnité reste toutefois de mise dans le secteur public, et prescrite par l'ANI 2005 dans le cas d'un « télétravail régulier ». Face à ces ambivalences, c'est la négociation avec les délégués syndicaux, ou l'avis du CSE, qui oriente généralement la décision de chaque entreprise.

Calcul de l'indemnité

Lorsqu'un employeur choisit d'indemniser le télétravail, il est fréquent que le montant soit limité à quelques euros par mois. Cela n'est possible qu'à condition que l'employeur fournisse les outils de télétravail, et qu'il mette à disposition un local professionnel (Cass. soc. 10-28 847). Voici les pratiques les plus courantes :

Types de coût	Pratiques fréquemment observées
Informatique	Fourni par l'employeur (à défaut, indemnisation de l'usage d'outils personnels)
Internet	Quote-part de l'abonnement, au prorata du nombre de jours télétravaillés
Téléphonie	Fourni par l'employeur (à défaut, indemnisation de l'usage d'outils personnels)
Dépenses d'énergie	En correspondance avec le forfait exonéré par l'Urssaf
Loyer & charges	Uniquement si l'employeur ne met pas à disposition des bureaux
Frais d'installation	Forfait pour des équipements ergonomiques (fauteuil, second écran…)

Fiscalité applicable

Les dépenses engagées pour un collaborateur dans le cadre du télétravail sont considérées comme des frais professionnels. Ils peuvent faire l'objet d'une allocation forfaitaire exonérée de cotisations et contributions sociales, dans la limite de 10 € par mois pour un salarié effectuant une journée de télétravail par semaine. Lorsque le montant versé par l'employeur est supérieur, une exonération est possible à condition de justifier de la réalité des dépenses. L'Urssaf fournit des informations détaillées à ce sujet sur son site Internet.

Les assurances

Accident du travail

En comparaison avec les accidents liés aux trajets domicile-travail, le nombre d'accidents en télétravail est infime. Comme l'indique le Code du travail, ce type d'accident est présumé être un accident de travail dès lors qu'il survient sur le lieu de télétravail convenu avec l'employeur, et pendant les plages horaires convenues. La présomption d'accident peut s'avérer plus difficile lorsque les règles sont plus flexibles (ex : salarié forfait-jour travaillant en soirée), ou lorsque les causes semblent étrangères au travail (ex : malaise cardiaque). Dans tous les cas, l'accident doit être déclaré à la CPAM dans les 48 heures, laquelle diligentera une enquête en cas de doute sur la qualification d'accident du travail.

Côté employeur

Le matériel utilisé dans le cadre du télétravail peut dysfonctionner et causer des dommages matériels ou corporels à des tiers (ex : incendie). Aussi l'employeur doit-il s'assurer que le matériel qu'il fournit bénéficie d'une assurance responsabilité civile valide en tout lieu, ou par une assurance multirisque professionnelle pour les risques plus généraux liés à son activité (protection du matériel mis à disposition ; protection contre la destruction ou le vol ; préjudices causés à des tiers dans le cadre de son activité…). Par ailleurs, ce matériel utilisant un réseau électrique tiers, il est de la responsabilité de l'employeur d'en vérifier la conformité aux normes de sécurité en vigueur. À cet effet, l'employeur peut demander un certificat au télétravailleur, ou mandater une société agréée pour réaliser un diagnostic de conformité. Par souci de simplicité, il est fréquent qu'un employeur se satisfasse d'une « déclaration sur l'honneur » de la part du télétravailleur ; document qui n'a toutefois pas grande valeur aux yeux des autorités en cas de problème.

Côté collaborateur

Il n'est pas rare qu'un employeur exige une attestation de l'assurance multi-risque de l'habitation du télétravailleur. Cependant, cette attestation peut générer plus de coûts que de bénéfices. En termes de bénéfice, cela ne sert qu'à indemniser les éventuels dégâts sur le matériel fournit par l'entreprise (ex : fuite d'eau sur l'ordinateur). En termes de coûts, elle peut constituer une dépense pour le télétravailleur qui n'en disposerait pas, ou qui se verrait infliger une surprime du fait qu'il télétravaille (pratique douteuse mais fréquente chez certains assureurs).

Autres points d'attention

- Santé, sécurité et ergonomie : voir page 19.
- Règles d'utilisation des outils et sécurité des données : voir page 44.
- Pointage et contrôle du temps de travail : voir page 34.

▶ Les critères relatifs au poste de travail

Activité

Par définition, le télétravail est réservé aux activités s'effectuant par les technologies de l'information et de la communication. Dans le cas contraire, l'activité n'est *a priori* pas éligible au télétravail : accueil, soin à la personne, inspection, manipulation de biens matériels, d'équipements industriels, etc. À noter qu'une analyse au cas par cas des métiers peut s'avérer nécessaire pour éviter les préjugés. Ainsi, un arrêt récent stipule que « le télétravail dans les métiers de prestation d'accueil dans le secteur tertiaire est par définition inenvisageable » (2019-17/04946) ; pourtant, le télétravail est fréquent dans les métiers d'assistance de direction ; il se développe aussi au niveau de l'accueil de visiteurs grâce à la visio-conférence. Quant au management, il est lui aussi éligible au télétravail, *a fortiori* s'il concerne des équipes en télétravail.

Accessibilité

Pour pratiquer le télétravail, il ne suffit pas d'un ordinateur ; il faut aussi les données soient accessibles à distance. Cela constitue généralement un second critère d'éligibilité. Les activités nécessitant l'utilisation de dossiers en format papier, ou d'applications faisant l'objet de restrictions d'utilisation à distance, sont donc à exclure du télétravail.

Confidentialité

À un certain degré, tout ce qui se passe dans une organisation est confidentiel. En outre, il n'est pas avéré que le télétravail (a fortiori à domicile) accroisse le risque de sécurité des données. Il revient donc à chaque employeur d'édicter ses propres standards en la matière, au regard de sa culture et de la qualité de son système d'information (pour plus de détails, voir page 44). Dans le monde financier, par exemple, certaines banques sont très restrictives ; alors que d'autres autorisent le télétravail quelles que soient les données manipulées (à l'exception des salles de marché).

▶ Les critères relatifs au collaborateur

Domicile

Le domicile du collaborateur doit permettre la pratique du télétravail. A minima, il doit être connecté à Internet (>2Mpbs) et couvert par le réseau du téléphone fourni par l'employeur. Il convient par ailleurs que l'installation électrique soit conforme aux normes de sécurité. Il est parfois exigé une pièce fermée, mais cela ne suffisant pas à garantir de bonnes conditions de travail, les employeurs tendent plutôt à donner des recommandations d'ergonomie (*cf.* page 19) ou à proposer le télétravail dans des tiers-lieux (*cf.* page 20)

Ancienneté

Il est coutume de conditionner l'accès au télétravail à l'ancienneté du collaborateur, afin de lui donner le temps de maîtriser son poste et de connaître ses collègues. Toutefois, cela implique l'arrêt du télétravail à chaque changement de poste. Avec le développement du télétravail et des circonstances exceptionnelles, ce critère tend à disparaître, car le bureau n'est plus toujours synonyme de proximité avec ses collègues.

Statut

Il est fréquent de réserver le télétravail aux collaborateurs en CDI, excluant donc les stagiaires, alternants, vacataires et CDD. L'objectif est à nouveau de s'assurer que le télétravailleur maîtrise son poste ; mais il s'agit aussi de mieux faire connaissance avant une éventuelle embauche en CDI. Pour les raisons précédemment exposées, ce critère tend également à disparaître depuis 2020.

Autonomie

Il est fréquent que le télétravail soit conditionné à l'autonomie du collaborateur. Il est en effet essentiel qu'il maîtrise son métier et les outils informatiques, qu'il sache planifier ses tâches et respecter les délais. Cependant, ce critère est difficile à évaluer, car l'autonomie n'est pas qu'une question de compétences individuelles ; il s'agit aussi d'une relation entre le collaborateur, son manager et l'entreprise (*cf.* exemple de grille d'évaluation de l'autonomie ci-dessous). Or dans cette relation, la culture managériale et les procédures de contrôle sont rarement favorables à l'autonomie… Pour cette raison, il n'est pas rare de circonscrire ce critère à la question de l'autonomie digitale.

Évaluer l'autonomie de mon collaborateur	Oui, tout à fait	Oui, je pense	Je ne crois pas	Non, pas du tout
Parmi ses trois principales activités, le collaborateur est-il en mesure d'en réaliser au moins une sans votre concours, le temps d'une journée ?	❑	❑	❑	❑
Avez-vous pour habitude d'expliciter les objectifs et les délais de réalisation des missions du collaborateur chaque semaine ?	❑	❑	❑	❑
Quand vous êtes absent, le collaborateur réalise-t-il ses activités dans les mêmes modalités de temps et de qualité que d'habitude ?	❑	❑	❑	❑
Devez-vous régulièrement expliquer au collaborateur comment réaliser le travail (méthode, étapes, interlocuteurs…) pour atteindre ses objectifs ?	❑	❑	❑	❑
Dans une journée type, le collaborateur est-il confronté à des aléas ou difficultés qu'il ne sait pas gérer par lui-même ?	❑	❑	❑	❑
En cas d'aléas, le collaborateur est-il capable de mobiliser les ressources (personnes, informations, outils…) pour surmonter le problème ?	❑	❑	❑	❑

■■■

De façon plus générale, le collaborateur fait-il preuve d'initiative pour trouver des solutions ou contourner les difficultés ?	❑	❑	❑	❑
Avez-vous déjà testé l'autonomie de votre collaborateur, par exemple *via* le télétravail ou une délégation plus poussée ?	❑	❑	❑	❑

▶ La mise en œuvre des critères

Rôle du manager

Les critères d'éligibilité sont à formaliser dans la charte ou l'accord télétravail. Mais il revient souvent au manager de les mettre en œuvre, et d'évaluer la faisabilité du télétravail au regard de ces critères. Toute la difficulté est alors de s'assurer que cette évaluation est objective et équitable. Difficulté illustrée dans cette jurisprudence récente : « Le refus du télétravail, justifié par des exigences managériales, ne laisse pas supposer l'existence d'une discrimination. Il ne laisse pas non plus supposer l'existence d'une inégalité de traitement lorsque le salarié ne présente la situation d'aucun autre qui, placé dans une situation comparable, se serait vu accorder le télétravail. » (2020-17/02252). Pour faciliter l'appréciation des critères liés au poste de travail, certains employeurs cartographient les métiers pouvant être télétravaillés, mais cela est rare, difficile, et coûteux.

Procédure

Pour bien évaluer l'éligibilité d'un collaborateur ou d'une activité au télétravail, la procédure mise en œuvre est généralement la suivante.

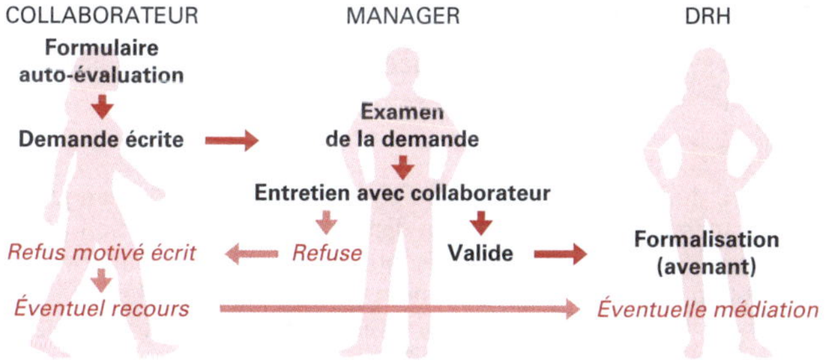

Vers un droit au télétravail ?

Du fait des questions soulevées par plusieurs des critères susmentionnés, certaines entreprises préfèrent supprimer la validation managériale, et établir un quasi droit au télétravail, l'accès à celui-ci n'étant plus conditionné que par le critère de faisabilité opérationnelle. Mouvement qui s'est amplifié en 2020, plusieurs employeurs ayant décidé de ne plus louer de bureaux au sortir de la crise sanitaire. Les entreprises envisageant ces scénarios doivent être vigilantes à l'adéquation de la culture managériale (*cf.* page 34) et à la prévention des risques psychosociaux associés au télétravail (*cf.* page 28).

Les facteurs à prendre en compte

La personnalité

Les individus sont plus ou moins à l'aise en société. Certains, plus extravertis, s'épanouissent dans les relations sociales et la vie de bureau ; tandis que d'autres, plus introvertis, se sentiront tout aussi bien à l'écart ou en télétravail. Les études récentes ont ainsi montré de grandes disparités dans les attentes des salariés en termes de télétravail :

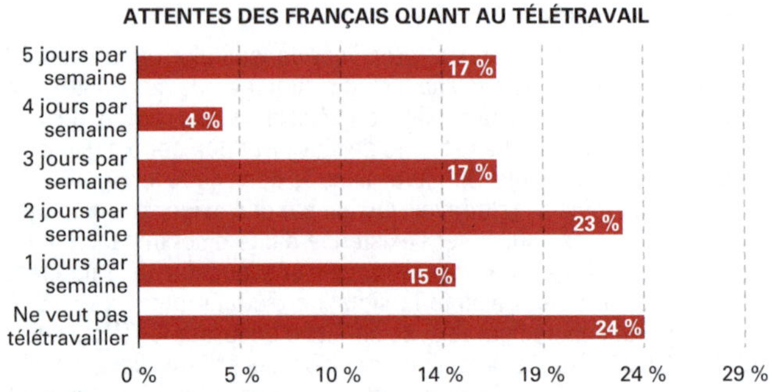

Source : Opinion Way 2020

Le métier

De même, les besoins en face-à-face peuvent varier selon le poste occupé par le collaborateur. Ainsi les métiers nécessitant plus de concentration (ex : juridique, analyse...) seront plus facilement réalisables en télétravail que ceux impliquant une forte collaboration (ex : innovation, projet...). À noter cependant que collaboration ne veut pas systématiquement dire face à face ; cela dépend aussi de la culture digitale de l'équipe.

Le digital

Le degré de digitalisation de l'équipe est structurant pour jauger de sa capacité à bien fonctionner à distancer. Par digitalisation il faut entendre : dématérialisation des processus, outils collaboratifs à disposition, et degré d'appropriation de ces outils par les collaborateurs et le manager. L'exemple de l'entreprise Wordpress illustre qu'il est possible de réaliser en 100 % télétravail un métier fortement axé sur l'innovation et le projet.

L'équilibre

Enfin, au-delà des critères liés à la personnalité et au métier de chacun, il convient de viser un certain équilibre au sein de l'équipe. De trop grandes disparités dans les pratiques de télétravail peuvent en effet provoquer un sentiment d'iniquité chez les moins bien lotis ; voire un décrochage culturel au sein de l'équipe, une partie adoptant le « social-digital », l'autre continuant de fonctionner en face-à-face.

La fréquence du télétravail

Temps partiel

Historiquement, le télétravail à temps partiel est la formule préférée des employeurs français. Ainsi le télétravail est-il limité à 3 jours par semaine dans la fonction publique ; et côté privé, la plupart des entreprises limitent le télétravail à 2 jours par semaine. Cette préférence est le reflet d'une culture faisant la part belle au présentéisme, mais aussi des incertitudes quant à l'impact du télétravail à temps complet sur la performance et la santé. La crise sanitaire de 2020 a toutefois changé en profondeur le regard des employeurs sur le sujet, lesquels sont nombreux, à l'heure où ces pages sont rédigées, à envisager une augmentation du rythme de télétravail. À noter : plutôt que de définir un quota de jours de télétravail, certains employeurs préfèrent définir un quota de jours au bureau, cela astreignant le collaborateur à ajuster son volume de télétravail en fonction des congés & déplacements.

Temps complet

Le télétravail à temps complet existe également de longue date dans les organisations *digital native*. C'est notamment le cas pour les organisations « common based peer production » (Wikipedia, Linux…), et pour certaines entreprises de la Silicon Valley (Wordpress, Gitlab…). L'une des études les plus sérieuses sur la performance en télétravail (Stanford, 2013) portait d'ailleurs sur des équipes en 100 % télétravail, et concluait à un impact positif sur la performance. Les études en matière d'engagement (Gallup, 2016) montrent toutefois que les bénéfices du télétravail s'estompent au-delà de 4 jours par semaine, pour cause notamment de manque de lien social.

TAUX D'ENGAGEMENT SELON LE RYTHME DE TÉLÉTRAVAIL

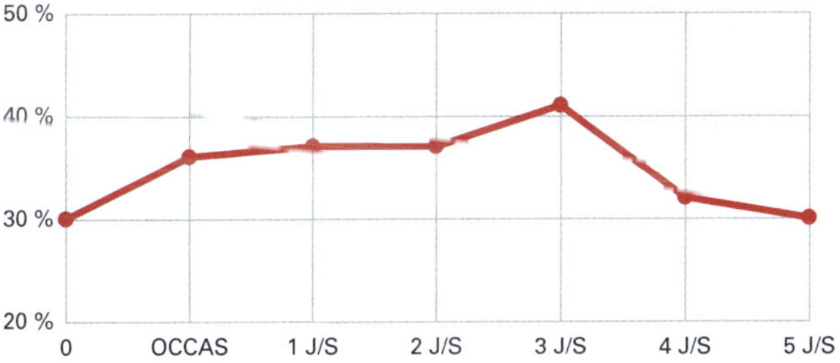

Occasionnel

Il n'est pas rare que les employeurs offrant du télétravail à temps partiel, offrent par ailleurs du télétravail dit « occasionnel ». Cela consiste à donner un crédit de jours de télétravail (ex : 2 jours par mois, 10 jours par an…) que chaque collaborateur peut utiliser en fonction des contingences, notamment en cas de grève des transports ou d'impératif personnel. Cette formule est généralement appréciée, mais ne permet pas à elle seule d'inscrire durablement le télétravail dans les méthodes de travail.

La planification du télétravail

Jours fixes

La méthode la plus fréquente pour structurer les jours de télétravail est de définir des jours dits « fixes » pour chaque collaborateur (ex : Jacques télétravaille chaque jeudi, Sophia chaque mardi...). Cette méthode permet d'organiser une rotation des équipes quand une présence minimale au bureau est nécessaire ; ou de sanctuariser une journée par semaine sans télétravail, afin de réunir toute l'équipe.

Jours à la demande

Dans certains cas, et en particulier pour le télétravail occasionnel, les jours sont fixés au cas par cas, en concertation avec le manager ou avec le reste de l'équipe. Cette méthode permet de s'assurer que le télétravail est pris « au bon moment » (ex : éviter le télétravail quand une réunion est prévue avec un client important) ; mais a l'inconvénient de vite devenir chronophage pour celui qui doit valider les demandes...

Jours flexibles

Enfin, certains employeurs font le choix d'offrir une flexibilité complète dans le choix des jours de télétravail, sans validation préalable du manager, estimant que la distance n'a pas d'effet sur le travail ou la collaboration ; et estimant aussi que dans le cas contraire, les collaborateurs savent faire preuve de discernement, et revenir au bureau quand c'est nécessaire.

Décalage des jours

Il est commun de permettre, à l'initiative du manager comme du collaborateur, de décaler une journée de télétravail. Cette possibilité est généralement encadrée par deux règles. D'une part, que l'annonce du décalage soit faite avec un préavis de 48 h, afin que chacun puisse s'organiser en conséquence. D'autre part, que la nouvelle date du télétravail soit fixée dans un intervalle d'une semaine, ce qui permet d'éviter le cumul de « jours décalés » en fin d'année.

Au-delà du télétravail à la journée

Tout au long de ce chapitre, il a été question de « journées de télétravail », sans que ne soit évoquée la possibilité télétravailler par heure ou par demi-journée. Dans la pratique, cette possibilité est rarement proposée car elle implique une comptabilisation délicate du temps passé en télétravail. Elle remet par ailleurs en question le bénéfice environnemental du télétravail (réduction des trajets domicile-bureau). Cependant, les entreprises peuvent se libérer du problème de la comptabilisation du télétravail en définissant plutôt un quota de jours de présence au bureau (*cf.* page 17), laissant le collaborateur libre de s'organiser comme il le souhaite le reste du temps.

L'employeur reste responsable de la santé et de la sécurité des télétravailleurs. Toutefois, de nombreuses dispositions du Code du travail s'avèrent inapplicables en télétravail. Exemples : disposer d'une issue de secours, ignifuger l'environnement de travail, assurer un bon renouvellement de l'air… C'est l'une des contradictions du droit français, avec laquelle les employeurs doivent composer, notamment en respectant les recommandations ci-dessous.

▶ Le télétravail à domicile

Définition

Le domicile est de loin le lieu le plus fréquemment choisi pour télétravailler. Par domicile il faut généralement comprendre la résidence principale telle qu'indiquée sur le bulletin de salaire du collaborateur. Toutefois, nombre d'employeurs permettent également de télétravailler depuis une résidence secondaire, voire d'autres résidences (parents, amis…). Il va de soi que ces résidences doivent être connectées à Internet (>2 Mpbs) et couvertes par le réseau du téléphone fourni par l'employeur.

Sécurité

Les outils du télétravail recourant à l'installation électrique du domicile, il faut que cette installation soit conforme aux normes en vigueur. Il conviendrait à cet effet de faire réaliser un diagnostic par un organisme de contrôle agréé, mais la plupart des employeurs se contentent d'une attestation sur l'honneur du collaborateur. Certains accords prévoient par ailleurs une visite du domicile par le CHSCT, mais cela n'est pratiquement jamais arrivé.

Santé

À la croisée des enjeux de santé et d'ergonomie, l'employeur doit fournir des recommandations sur l'environnement et la posture en télétravail. Celles-ci conseillent généralement de télétravailler dans une pièce aérée, calme, bien rangée et disposant d'un éclairage naturel. En termes de posture, les conseils habituels du travail sur écran sont applicables en télétravail (voir illustration ci-dessous),

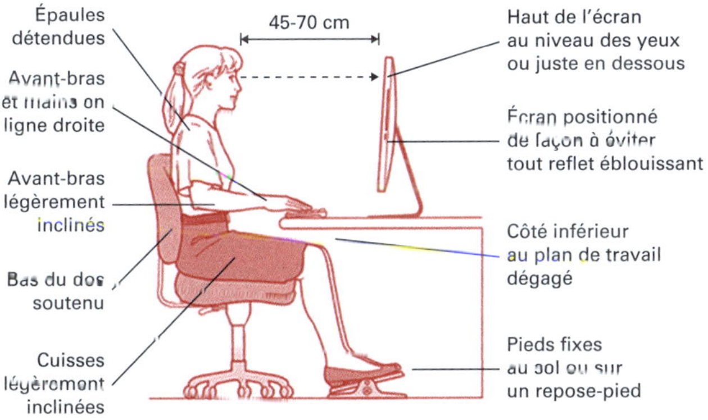

ce pour quoi certains employeurs fournissent également du mobilier ergonomique (siège de bureau, second écran...).

Concentration

En matière de concentration, il faut bien entendu éviter les environnements bruyants, tel que le serait par exemple un domicile avec un enfant en bas âge. Il est parfois exigé que le domicile dispose d'une pièce fermée, mais cela ne suffit pas toujours à créer du calme, et induit une discrimination envers ceux (les jeunes en particulier) ne disposant pas d'une telle pièce. Il faut donc plutôt sensibiliser les télétravailleurs à la dimension psychologique de la concentration. Chacun doit en effet trouver les mécanismes et les conditions qui lui permettront de créer une frontière psychologique entre la sphère privée et la sphère professionnelle : certains apprécieront alors de télétravailler dans une pièce dédiée, mais d'autres préféreront simplement enfiler une chemise ou boire un café pour se mettre « en mode travail » sans sortir de leur cuisine ou de leur salon.

▶ Le télétravail en tiers-lieux

CARTE DES TIERS-LIEUX DE FRANCE

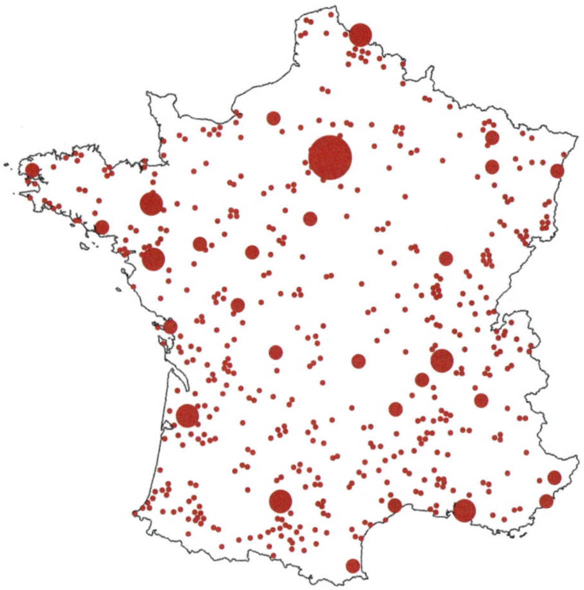

Source : CGET 2018, NEO-NOMADE 2020

Définition

Est ici considéré comme tiers-lieux un espace n'étant ni un domicile, ni un local de l'employeur. Rappelons que travailler depuis des bureaux satellites de l'employeur ne constitue pas du télétravail au sens juridique du terme. On dénombre en France environ 1 500 tiers-lieux qualifiés de professionnels (coworking-spaces, télécentres, centres d'affaires...), mais un tiers-lieu peut aussi être un café, un hôtel, un fablab, un *hackerspace*...

Usage

La pratique du télétravail depuis des tiers-lieux se développe depuis quelques années en France, notamment dans les secteurs de la banque, de l'assurance, du conseil et de l'informatique. L'enjeu pour ces employeurs est d'attirer les jeunes talents en leur offrant un maximum de flexibilité ; et plus largement d'offrir un environnement de travail professionnel et convivial aux télétravailleurs. Dans certains cas, l'usage des tiers-lieux peut être adossé à une stratégie de flexibilisation immobilière (*cf.* page 29).

Sécurité et santé

Les normes régulant les tiers-lieux ne sont pas les mêmes que celles régulant les locaux professionnels (Code du travail). Il convient donc de privilégier les espaces classés ERP (Espace Recevant du Public), ayant mis en place les mesures sanitaires adéquates au contexte. En cas de doute, la *check-list* ci-dessous recense les principaux points à vérifier en termes de sécurité et de santé.

Check-list SÉCURITÉ		Check-list SANITAIRE	
Contrôle des accès et des entrées	❑	Nettoyage quotidien des surfaces exposées	❑
Alarme incendie vérifiée annuellement	❑	Mise à disposition de solution hydroalcoolique	❑
Extincteur en nombre suffisant	❑	Application des gestes barrières en vigueur	❑
Issues de secours en nombre suffisant	❑	Plan de circulation à sens unique	❑
Installation électrique conforme aux normes	❑	Filtrage de l'air ventilé / climatisé	❑
Ventilation des espaces	❑	Espacement des postes de travail (>2 m)	❑
Assurance (incendie, dégâts, accident…)	❑	Condamnation des espaces à risque	❑

Source : Neo-Nomade, 2020

▶ Pour aller plus loin

Étranger

Juridiquement, rien n'empêche de télétravailler depuis l'étranger – c'est d'ailleurs une pratique qui existe. Toutefois, cela soulève deux questions. D'une part, celle du décalage horaire, le télétravailleur devant rester disponible aux horaires habituels de travail de son établissement. D'autre part, si le séjour à l'étranger se prolonge, celle de la domiciliation du télétravailleur qui peut être amenée à évoluer, et avec elle, la fiscalité des revenus, la sécurité sociale et le droit applicable (ex : salaire minimum, temps de travail…).

Distance

Se pose par ailleurs la question de l'éloignement du télétravailleur par rapport à son équipe. Il n'est pas rare en effet de prévoir une clause d'annulation du télétravail, prévoyant par exemple un retour au bureau en cas d'urgence ou de réunion importante. Pour un télétravailleur installé à Biarritz, et dont l'employeur serait situé à Dunkerque, ce retour en urgence au bureau s'avérerait délicat. Quelques employeurs choisissent donc de limiter la distance du lieu de télétravail, mais la plupart optent plutôt pour que ces « urgences » soient annoncées avec un préavis de 48 h, permettant au collaborateur d'organiser son retour.

Traçage

Il convient enfin de garder une trace des lieux de télétravail convenus entre l'employeur et le collaborateur (adresses des domiciles, des tiers-lieux autorisés...). L'objectif est ici d'être en bonne et due forme dans l'hypothèse d'un accident durant le télétravail.

La performance individuelle

Depuis 25 ans, maintes universités et entreprises ont démontré l'impact bénéfique du télétravail sur la performance. Cela est bien documenté aux États-Unis, où la culture des indicateurs de performance est plus développée qu'en France.

GAINS DE PRODUCTIVITÉ EN TÉLÉTRAVAIL

différentiel en % par rapport au bureau sur une période de trois ans

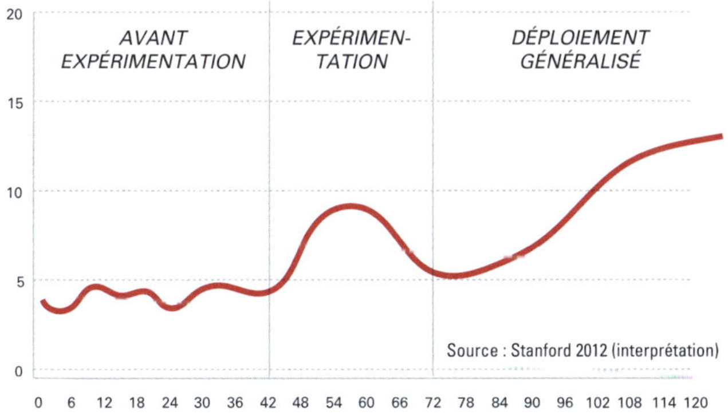

Une étude de l'Université de Stanford a ainsi démontré une augmentation de 13 % de la productivité (à temps égal de travail) sur un échantillon randomisé de 500 salariés de *call-center*. Ce gain découle d'une baisse du nombre d'interruptions et d'une meilleure concentration en télétravail.

Au-delà de ce gain immédiat de productivité, le télétravail stimule également la performance de façon indirecte. Ainsi le Gouvernement Fédéral Américain, fort de ses 480 000 télétravailleurs, a-t-il mesuré une baisse de l'absentéisme et du *turn-over*, et une augmentation du bien-être ; autant de facteurs influant à moyen terme sur la performance, par exemple en réduisant les pertes de compétences ou les coûts de recrutement.

En France, où la quantification de la performance est moins développée, on peut s'appuyer sur les mesures du « ressenti de performance » réalisées par les grandes entreprises, et qui donnent les résultats ci-dessous (source : 12 000 salariés, Lbmg Worklabs). Du point de vue des télétravailleurs comme des collègues et managers, l'impact est jugé comme positif.

CONCENTRATION

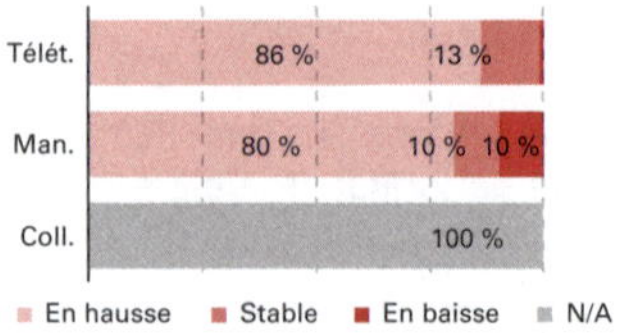

QUALITÉ DU TRAVAIL

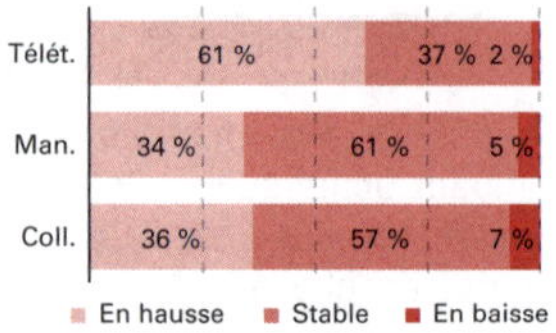

QUANTITÉ DE TRAVAIL

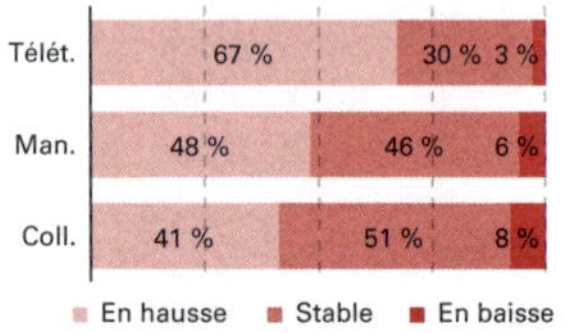

AUTONOMIE

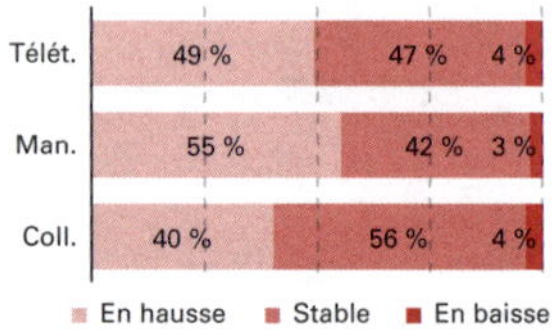

La performance collective

Si le gain de performance individuelle en télétravail ne fait plus débat, quid de la performance collective, du partage d'information et de la fluidité de la collaboration ? Les travaux précédemment mentionnés présentent à ce sujet des résultats positifs (ci-dessous). Les managers, les télétravailleurs et leurs collègues font le constat d'un impact neutre du télétravail sur les différentes dimensions de la performance collective.

FLUIDITÉ COLLABORATION

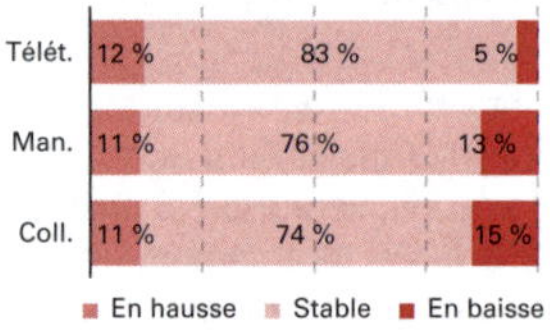

ÉCHANGE D'INFORMATIONS

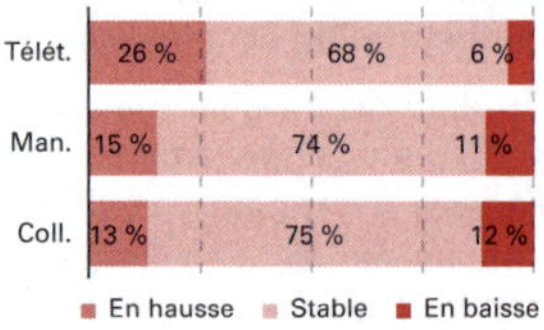

RÉSULTATS D'ÉQUIPE

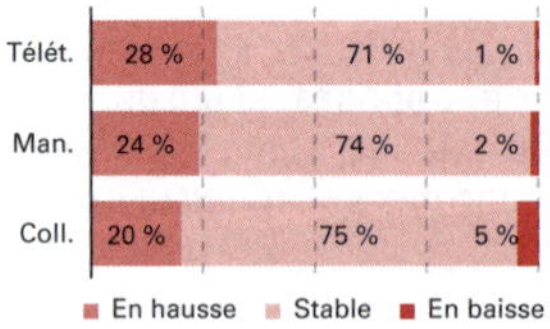

DISPONIBILITÉ

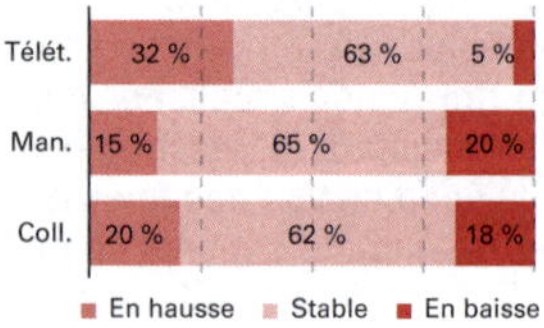

La performance collective ne se limite toutefois pas à ces quelques facteurs. Sur d'autres questions comme la confiance ou la cohésion d'équipe, les études sont rassurantes : l'impact du télétravail semble à nouveau neutre ou positif. Mais une étude de la DARES (2019) a montré que les télétravailleurs se sentent moins soutenus ou moins informés que leurs collègues au bureau. Il est donc important de noter que le télétravail exige une autonomie du collaborateur, à défaut de quoi l'expérience peut devenir problématique.

Si ces chiffres concernent des entreprises pratiquant le télétravail à temps partiel, plusieurs enquêtes menées durant la crise sanitaire ont donné des résultats similaires. L'ADEME (2020) a par exemple montré que pour 74 % des télétravailleurs confinés, la qualité des relations professionnelles est restée inchangée, voire améliorée. Cela indique que le télétravail ne nuit globalement pas au collectif, mais qu'une part irréductible de collaborateurs et de managers (un quart environ) a soit des difficultés, soit des réticences à collaborer à distance. Il faut aussi souligner que ces chiffres sont issus de collectifs disposant d'un capital relationnel soit établi au préalable, soit entretenu à temps partiel au bureau. Il n'est pas certain qu'un tel capital puisse se constituer dans un contexte intégralement distancié et digitalisé.

Reste enfin la question – plus difficile à mesurer – de l'innovation. Le mépris historique des GAFA envers le télétravail peut suggérer que distance et innovation ne font pas bon ménage, mais cela n'a jamais été démontré à notre connaissance. Rappelons simplement qu'il ne suffit pas d'aller au bureau pour être innovant : il faut aussi des moyens, et une culture propice !

La fatigue

Le télétravail, en particulier lorsqu'il est effectué à domicile, permet de réduire les trajets domicile-travail (soit un gain moyen de 1h28 par collaborateur et par jour en Île-de-France). Il va sans dire que cela permet de réduire la fatigue et autres désagréments associés aux déplacements (stress, maladie, accidents…). Pour de nombreux salariés, travailler au calme, loin du brouhaha de l'*open-space*, est également source de repos. Toutefois, l'intensification du travail digital peut générer d'autres formes de fatigue, notamment une fatigue visuelle liée au travail sur écran, ou une fatigue mentale liée aux nouvelles technologies (infobésité, notifications, surconnexion…). Combiné à l'entremêlement des sphères professionnelles et personnelles, le risque de FOMO (*fear of missing out*) peut générer du stress et des difficultés à dormir. En 2020, les interruptions fréquentes dues au digital sont ainsi devenues la source principale de stress et de fatigue (source : EWCS 2020), plus que ne l'est la charge ou le temps de travail. Les télétravailleurs doivent donc être très vigilants à préserver des plages de déconnexion après le télétravail… Mais aussi pendant !

IMPACT DU TÉLÉTRAVAIL SUR LE STRESS

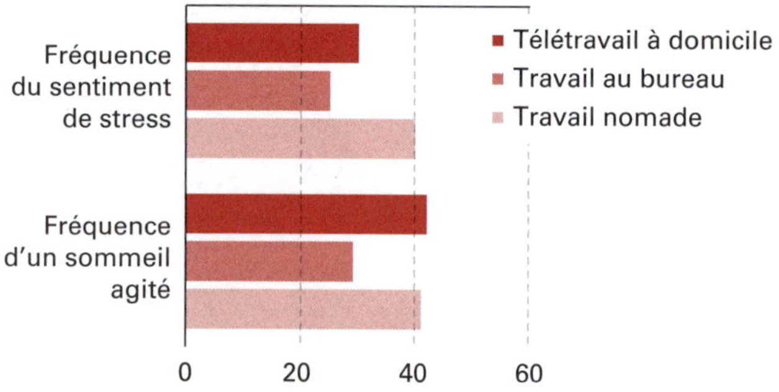

Source : EWCS 2015

Le temps de travail

La réduction des déplacements apporte au télétravailleur un gain de temps pour sa vie privée, qu'il s'agisse de dormir un peu plus, de jardiner ou de passer du temps avec la famille. Toutefois, plusieurs études ont souligné qu'une partie de ce temps est réinvestie dans le travail. Les récents travaux de l'Obergo et de Lbmg Worklabs indiquent qu'environ 60 % des télétravailleurs estiment travailler plus longtemps à domicile qu'au bureau. Un rapport de le DARES (2019) évalue plus précisément qu'un télétravailleur travaille en moyenne 30 minutes de plus par semaine que ses collègues de bureau.

L'équilibre pro-perso

La possibilité de travailler « où qu'on soit » permet d'adapter les horaires de travail. Les enquêtes de l'EWCS (Union européenne, 2015) ont ainsi montré qu'une grande majorité de télétravailleurs organisent leur temps de travail de façon plus « élastique », et que cela convient à la plupart d'entre eux, hommes comme femmes.

IMPACT DU TÉLÉTRAVAIL SUR LES HORAIRES

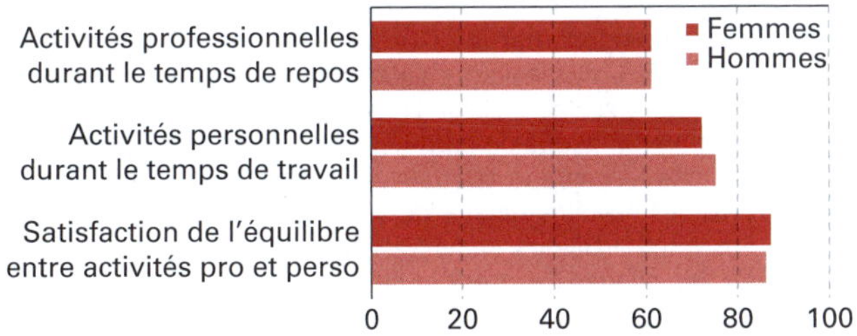

Source : EWCS 2015

Rares sont donc les télétravailleurs à respecter les horaires de travail en vigueur au bureau. Cette flexibilité va dans les deux sens : d'un côté elle permet d'effectuer des activités personnelles durant les horaires habituels de travail (ex : commencer plus tard pour emmener les enfants à l'école), mais d'un autre, elle implique de travailler à des heures normalement réservées au repos (ex : rattraper son travail en soirée). Cette destructuration des horaires n'est pas propre au télétravail ; elle est plus généralement liée à l'irruption des technologies digitales dans nos vies. Elle peut générer une confusion ou des conflits entre les sphères privées et personnelles. Pour autant, la grande majorité des télétravailleurs sont satisfaits de gagner en autonomie et en maîtrise sur leur temps de travail, en particulier chez les jeunes pour qui l'intégration des sphères privées & personnelles est plus naturelle. En France, il en résulte selon une étude récente (Obergo, 2015) une grande satisfaction : 88 % estiment que le télétravail a un impact positif sur leur équilibre pro-perso, et 89 % déclarent que cela a eu un impact bénéfique sur leur vie de famille.

▶ La santé

Le télétravail réduit grandement les risques d'accident du travail : 90 000 accidents surviennent chaque année sur le trajet domicile-travail ; et seuls quelques dizaines se produisent en télétravail. La question de l'ergonomie, et en particulier des troubles musculosquelettiques associés au télétravail, est en revanche moins bien documentée. Une étude réalisée en Finlande (ISKU, 2014) indique que la moitié des télétravailleurs souffre des douleurs caractéristiques du travail sur écran (épaules, cou, dos...), ce que corroborent les études de l'agence Eurofound. Si ces troubles découlent d'une mauvaise posture de travail, il faut préciser qu'ils résultent aussi de la sédentarité. Les télétravailleurs doivent donc être vigilants à leur santé, bouger et sortir pendant leurs journées de télétravail !

▶ L'isolement

Du fait qu'il introduit une distance que les médias digitaux ne peuvent pas toujours combler, le télétravail peut générer un sentiment d'isolement, qui touche 20 % environ des télétravailleurs occasionnels (source : Lbmg 2017). Cet isolement n'est pas nécessairement vécu de façon négative : 94 % des télétravailleurs japonais disent bien vivre cet isolement ; chiffre qui tombe à 38 % au Brésil (source : OIT 2017). En France, les avis sont partagés : pour les introvertis, le calme est plutôt source de sérénité ; tandis que pour les extravertis, l'éloignement de la vie de bureau peut générer de l'anxiété. Au sortir du confinement imposé par la crise sanitaire de 2020, un sondage rappelait que 75 % des salariés sont attachés à la vie sociale du bureau (source : Zevillage, 2020). Lorsque l'isolement est mal vécu, il peut accentuer le risque de burn-out ou de dépression. Mais dans l'ensemble, dès lors que le télétravail est pratiqué de façon volontaire, les risques psycho-sociaux liés à l'isolement en télétravail sont faibles. Les télétravailleurs comme leurs employeurs doivent plutôt s'inquiéter des risques de stress et de fatigue liés au FOMO, en particulier quand des enfants sont présents sur le lieu de télétravail (le risque augmente de 46 %, selon la dernière enquête d'Eurofound).

La motivation

Parce qu'il contribue à développer l'autonomie du collaborateur et la confiance du manager (*cf.* graphique ci-dessous), le télétravail génère motivation et satisfaction au travail. Ce phénomène est confirmé par la baisse significative du taux d'absentéisme (baisse évaluée de 20 à 60 % selon les *case-studies*) et du taux d'attrition chez les télétravailleurs. Il pourrait se poser la question de la convivialité, de la qualité des relations avec l'équipe, de la reconnaissance ou des perspectives de promotion ; mais toutes les études montrent que le télétravail ne dégrade globalement pas ces indicateurs (DARES 2019), même en période exceptionnelle de confinement sanitaire (ANACT 2020, ADEME 2020). Il n'y a donc aucun doute quant aux bénéfices du télétravail pour le télétravailleur. Il faut en revanche être vigilant au ressenti des collègues ne pouvant pas télétravailler : un sentiment d'injustice (et donc de démotivation) est vite arrivé lorsque l'employeur refuse le télétravail pour des raisons manquant d'objectivité (*cf.* page 15).

SENTIMENT D'AUTONOMIE SELON LE PROFIL DE TRAVAILLEUR

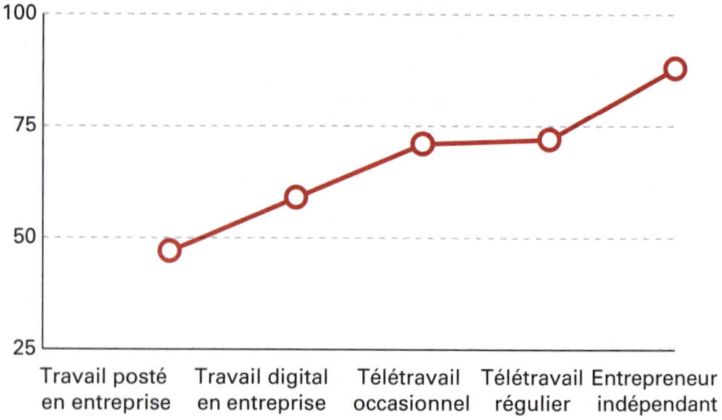

Source : EWCS 2015

L'enjeu financier

L'immobilier pèse pour 9 % de la valeur ajoutée des entreprises, selon la Banque de France (2020), et peut à ce titre constituer un frein à leur croissance. L'association des directeurs de l'environnement de travail (ARSEG, 2019) précise que le coût moyen et exhaustif d'un poste de travail est de 13 500 € par an en France. Or, en termes d'utilisation réelle de la ressource, si l'on tient compte des absences, jours non-ouvrés et heures de fermeture, ce poste n'est finalement utilisé qu'à 21 % en moyenne de ses capacités (*cf.* graphique ci-dessous). Chiffre qui tombe à 12 % si, par exemple, un collaborateur télétravaille deux jours par semaine. Ce constat amène un nombre croissant d'entreprises à penser différemment l'utilisation de leurs ressources immobilières.

UTILISATION DU BUREAU (EN HEURES, PAR AN)

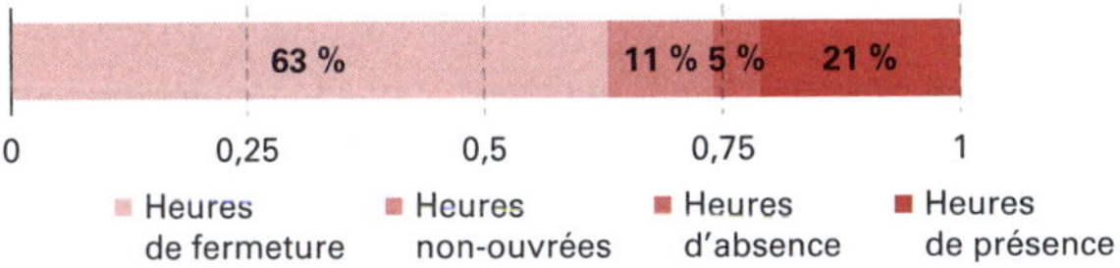

L'enjeu environnemental

Si les défis environnementaux de la civilisation moderne sont bien documentés par les scientifiques et bien connus du public, la question du coût écologique du travail au bureau a étonnamment fait l'objet de peu de travaux sérieux. S'appuyant sur la revue de ces travaux réalisée par Hook & al. (2020) et par l'ADEME (2020), il est possible d'esquisser le panorama présenté ci-dessous, duquel il ressort que le télétravail est vecteur d'un bonus écologique moyen de 271 kg eqCO_2 par an et par jour de télétravail hebdomadaire – bonus modulé par différent facteurs dont la réduction (ou non) de l'empreinte immobilière tertiaire.

Impacts écologiques du télétravail selon le devenir du bureau	Maintien des bureaux	Réduction des bureaux
ÉMISSIONS : baisse des déplacements obtenue avec le télétravail, parfois modulée par de nouveaux trajets (loisir, école, déménagement...)	Positif	Positif
RESSOURCES : consommation de ressources rares (ex : sable, cuivre) ou polluantes (ex : lithium, plastique) pour les bureaux et les technologies	Faible	Positif
ÉNERGIE : énergie consommée au domicile pouvant faire doublon avec celle du bureau (chauffage, éclairage, électricité, internet, visioconférence...)	Négatif	Positif

■■■

SOLS : artificialisation des sols liée à l'empreinte immobilière du bureau et à l'infrastructure de transport nécessaire pour s'y rendre	Faible	Positif
DÉCHETS : déchets liés à la maintenance du bâtiment de bureaux ainsi que déchets liés à la future démolition du bâtiment	Faible	Positif

▶ Les aménagements des bureaux

Pour les raisons précédemment exposées, ainsi que celles liées aux évolutions des attentes des collaborateurs, le télétravail amène de plus en plus à repenser l'aménagement des bureaux. Voici les principales tendances en la matière.

Traditionnel

Comme il prévoit un poste par personne, l'aménagement traditionnel est synonyme de sous-utilisation des bureaux quand le télétravail se développe. Cela se produit aussi quand les méthodes de travail deviennent plus collaboratives, les espaces de réunion étant alors privilégiés. Des taux de vacances de l'ordre de 50 % sont fréquemment observés.

Flex-office

Le *flex-office* consiste à réduire le nombre de postes, ceux-ci étant partagés entre les télétravailleurs quand ils viennent au bureau. Mais les études montrent que cela est vécu comme un « open-space dépersonnalisé », le bureau perdant en confort comme en utilité, car les télétravailleurs ont des besoins plus collaboratifs quand ils viennent au bureau.

Activity-based

Cet aménagement considère que le travail individuel peut être effectué à distance. Il ne s'agit donc plus tant de proposer des postes, que de proposer une panoplie d'espaces répondant aux nouveaux besoins des collaborateurs : convivialité, innovation… Pour être pertinent, cet aménagement doit être conçu en collaboration avec les collaborateurs.

▶ Vers la disparition du bureau ?

La crise sanitaire a généré un mouvement de « décroissance du bureau » dans des entreprises de tailles et de secteurs divers ; certaines ayant même décidé de se passer entièrement de bureaux. Les entreprises faisant ce choix doivent alors prendre garde à accompagner les équipes dans cette révolution, en particulier le management ; et à cultiver leur « capital relationnel » en multipliant les moments de collaboration ou de convivialité. À ce titre, le recours aux espaces de coworking est à privilégier pour envisager le bureau de demain de façon flexible, financièrement et écologiquement frugal.

▶ La culture

Parce qu'il bouscule les fondamentaux de la conception classique du travail, le télétravail doit faire l'objet d'un accompagnement. En premier lieu, il bouscule en effet le principe d'unité de lieu et de temps de travail, principe consacré dans le contrat de travail puisque celui-ci stipule généralement qu'un salaire est versé en contrepartie d'un volume horaire de travail effectué à tel poste dans tel établissement de l'employeur. En second lieu, parce qu'il introduit de l'autonomie (*cf.* page 28), il bouscule le principe de subordination selon lequel le supérieur hiérarchique est chargé de diriger et de contrôler des collaborateurs considérés, comme à l'époque d'Henry Ford, comme moins compétents, sujets à « une paresse naturelle » et autres « mauvais travers ». Ces principes ont beau dater d'une époque industrielle où le prolétariat était peu éduqué, ils gardent aujourd'hui un écho dans les organisations ; écho qui explique pourquoi les résistances au télétravail sont plus souvent de nature culturelle, que de nature technique.

▶ Le cadrage

Le premier enjeu de l'accompagnement du changement consiste donc à sensibiliser les dirigeants, afin qu'ils mesurent bien les risques et opportunités du télétravail, et qu'ils puissent ensuite se mettre en posture de soutien et d'exemplarité auprès de leurs équipes, en particulier du middle-management. À ce stade du projet, le rôle des dirigeants n'est pas tant de spécifier les modalités détaillées du télétravail, que de le considérer dans une perspective stratégique élargie : comment ce projet peut-il contribuer au développement de la performance, à la modernisation des pratiques managériales, à la marque employeur ou à la digitalisation des pratiques ? Il convient en particulier de définir l'ampleur à donner au projet : faut-il viser grand, ou viser la modération afin de ne pas bousculer les habitudes ? Simultanément à cette question, il convient enfin de mesurer la capacité organisationnelle et budgétaire de l'organisation pour absorber le changement, en particulier quand l'entreprise n'est pas prête sur le volet digital, ou qu'elle a d'autres défis stratégiques à relever.

▶ Le design

Afin de déterminer les modalités du télétravail, il est ensuite recommandé de constituer un groupe-projet dont l'objectif est de traiter l'ensemble des questions que soulève le télétravail, et notamment : rythme, lieu, éligibilité, processus, formations, réversibilité… (*cf.* page 9). Ce groupe-projet doit *a minima* inclure DRH et DSI, mais il n'est pas rare que soient également associés les représentants du personnel ou les responsables immobiliers. Depuis quelques années se développe par ailleurs la méthode du co-design, visant à associer les collaborateurs au processus de conception, en leur déléguant un certain nombre de choix (ex : quel rythme de télétravail ?). Cela permet d'aboutir à un dispositif plus pertinent d'un point de vue opérationnel, mais aussi d'embarquer les équipes dans la dynamique de changement ; un changement alors « choisi plutôt que subi ».

Co-design restreint

Cette méthode peut s'appuyer sur un collège de managers ou, plus idéalement, de managers et de collaborateurs représentant la diversité des métiers et des profils de l'organisation. Cette méthode a l'avantage de limiter le nombre d'interlocuteurs autour de la table, et donc de faciliter la prise de décision. Toutefois, elle a l'inconvénient de placer les interlocuteurs dans une posture délicate d'ambassadeurs représentant les intérêts de leur « circonscription » ce qui – comme en politique – n'œuvre pas toujours dans le sens de l'intérêt général.

Co-design élargi

Cette méthode permet à quiconque est volontaire dans l'organisation de contribuer à l'élaboration du dispositif télétravail. Elle a le mérite d'embarquer un plus grand nombre de collaborateurs dans le projet, mais nécessite une ingénierie d'intelligence collective poussée, afin de dépasser le caractère individuel des premières contributions. En ce sens, un simple sondage des attentes ne peut suffire ; il convient ensuite d'y assortir des ateliers collaboratifs afin de produire un consensus. En France, on a parfois vu de tels dispositifs réunir plusieurs centaines de salariés !

▶ Formation des télétravailleurs

Une fois le dispositif de télétravail finalisé et validé avec qui de droit, il convient d'envisager l'étape des formations. En la matière, il existe un consensus sur le caractère relativement inutile – voire infantilisant – des formations destinées aux télétravailleurs, car le télétravail n'est jamais que du travail habituel effectué à un endroit différent. Il convient toutefois de rappeler ici que pour certains collaborateurs, le télétravail peut induire l'acquisition de nouvelles compétences digitales : gérer un problème avec le wifi, partager son écran en visioconférence, acquérir les bons réflexes du social-digital… En ce sens, il est impératif de prévoir une formation aux fondamentaux socio-techniques nécessaires à la réussite de l'expérience télétravail du collaborateur.

▶ Formation des managers

À l'inverse, la nécessité de former les managers au télétravail fait consensus, en particulier dans un pays attaché au présentéisme comme l'est la France. La question centrale est celle des méthodes de management, de contrôle, et plus largement de la confiance ; cette question est abordée en détail dans le chapitre suivant (*cf.* page 34). Plutôt que de prodiguer des conseils généralistes ou des injonctions descendantes en la matière, il est recommandé de s'appuyer sur une pédagogie de co-développement pour produire des résultats tangibles. Cette méthode visera par exemple à libérer la parole des managers afin qu'ils expriment leurs craintes ; pour ensuite réfléchir à des solutions entre pairs, avec l'appui d'un expert. Cela amène généralement à aborder des questions sensibles relevant de la culture ou de la psychologie de chacun ; mais aussi des questions très opérationnelles comme : comment garantir la performance individuelle et collective ? Quels ajustements apporter dans les processus de coopération ou de collaboration au sein de l'équipe ? Comment préserver une fluidité des échanges d'information ? Comment cultiver l'esprit d'équipe et la motivation ? Autant de questions qui trouveront d'autant mieux leurs réponses que la réflexion est circonstanciée et opérationnelle.

▶ Les outils

Au-delà des formations, de nombreux outils sont à disposition des employeurs pour accompagner la mise en place du télétravail. En voici un bref aperçu.

Formulaire de candidature

Formulaire visant à structurer l'évaluation des demandes de télétravail par des questions objectives (ex : recevez-vous des clients tous les jours ?).

Grille d'autonomie

Ensemble de questions visant à évaluer la « relation d'autonomie », c'est-à-dire le mariage entre compétences du collaborateur & moyens mis en œuvre par le manager.

Référentiel de management

Document visant à clarifier ce qui est attendu des managers en termes de méthode et de posture, en télétravail comme de façon générale.

Guide du télétravail

Sorte de bible destinée à l'ensemble du personnel, réunissant aussi bien astuces techniques, modalités juridiques, bonnes pratiques de management, FAQ…

Tutoriels digitaux

Face aux questions sur les outils ou logiciels, rien ne vaut des réponses en format vidéo. Ce format peut aussi être utilisé pour répondre aux questions fréquentes.

Référents télétravail

Utiles pour diffuser les bonnes pratiques dans les grandes organisations, mais aussi pour traiter localement les questions ou difficultés du projet.

▶ Les indicateurs

Les indicateurs sont essentiels pour évaluer les résultats et le succès du télétravail : ils permettent au démarrage de rassurer les managers ; puis d'alimenter un bilan pour décider avec les parties prenantes de la suite à donner au projet. Sur ce point, il convient d'élaborer un dispositif s'appuyant sur des indicateurs disponibles en interne (ex : nombre d'appels traités dans le métier de la relation client) ; ou, comme c'est plus souvent le cas, sur des indicateurs mesurant le ressenti des parties prenantes sur des sujets aussi divers que la performance individuelle, la fluidité de la collaboration, le bien-être, la stabilité des outils digitaux… Ce sondage doit bien entendu être adressé aux télétravailleurs, mais aussi à leurs collègues et managers. Pour donner du relief aux résultats de ce sondage, il est recommandé de comparer les résultats dans le temps (ex : avant / après le démarrage du projet), ou de les comparer à des moyennes nationales (*cf.* page 23).

Le management du temps de travail

Historiquement, le contrat de travail rémunère un volume d'heures de travail, qui font l'objet d'un contrôle méticuleux – c'est l'objet de la pointeuse. Cette méthode permet de rendre compte du travail accompli quand le collaborateur est assigné à un poste dont il doit suivre la cadence (chaîne de production, guichet d'accueil…). Mais elle s'accommode mal du travail plus autonome réalisé par un employé de bureau ; il n'est d'ailleurs pas rare d'ironiser sur le présentéisme que cela génère, ou sur le temps que ces employés passeraient à la machine à café. Bien que ces employés soient généralement placés sous la supervision d'un manager, le temps qu'ils passent au bureau n'est en effet pas synonyme de productivité, sauf à ce que – fait rarissime – le manager surveille constamment les écrans de chacun des membres de son équipe. En télétravail, ce contrôle est d'autant plus délicat que les collaborateurs réorganisent de facto leur temps de travail (*cf.* page 27), à la faveur d'une porosité accrue entre les temps dédiés au travail, et ceux dédiés à la vie privée. Pour toutes ces raisons, il est désormais coutume de privilégier un management fondé sur des objectifs, ceux-ci révélant mieux le travail réalisé que ne le permet l'indicateur du temps de travail. Mais cette évolution ne se fait pas sans difficultés, car le temps reste le fondement contractuel du travail salarié, qui le distingue du travail indépendant.

Le management par objectifs

Cette méthode prend acte de la relative autonomie des travailleurs non-postés, et consiste à leur fixer des objectifs. Le plus souvent, ces objectifs sont assignés sur une temporalité annuelle, et mêlent des enjeux quantitatifs (ex : rédiger un livre de 44 pages) avec des enjeux qualitatifs (ex : ne pas faire de fautes dans ce livre). Pour bien faire, il est fréquent de rappeler qu'un objectif doit être SMART, c'est-à-dire :

Spécifique	Mesurable	Acceptable	Réaliste	Temporel
Clair, précis, compréhensible par tous sans ambiguité	Quantifiable ou qualifiable, pouvant être évalué objectivement	Acceptable par l'entreprise et le collaborateur au regard de leurs enjeux respectifs	Ambitieux tout en restant réaliste au vu des compétences et des moyens fournis	Avec une date butoire et, éventuellement, des points d'évaluation intermédiaires

Qui dit management par objectifs dit aussi *reporting*, *feedback* et évaluation. À ce titre, le dispositif d'évaluation annuelle ne suffit pas à donner pleinement vie au management par objectifs. Selon l'autonomie du collaborateur et la nature de son activité, un *reporting* plus fréquent s'avère souvent nécessaire. Le rôle du manager n'est alors plus tant de contrôler les résultats et de sanctionner une évolution de carrière, que d'aider le collaborateur à atteindre ses objectifs, à monter en compétence, en autonomie ou en qualité. En bref, le manager devient un coach au service de ses collaborateurs et de la performance de son équipe.

Le management par objectifs n'est toutefois pas exempt d'imperfections. Trois raisons à cela. Primo, il n'est pas possible d'objectiver 100 % du travail *a priori*, car la vie d'une organisation humaine est constituée d'aléas et d'imprévus. Deuxio, le travail n'est pas qu'une addition de gestes individuels quantifiables, il est aussi une alchimie mêlant qualités comportementales, relations d'interdépendances et innovations. Tertio, le salariat est un contrat rémunérant du temps de travail et non pas l'atteinte d'objectifs individuels, car le salarié reste subordonné à des décisions et des interdépendances qu'il ne maîtrise pas. Ces imperfections ne doivent pas amener à discréditer le management par objectifs, simplement à le pratiquer avec tact.

▶ Le management par la confiance

Une autre méthode consiste à penser le management autour de la question de la confiance. Dans un contexte de télétravail, cette question est cruciale car les mécanismes habituels de la confiance, fondés sur un contrôle visuel de la présence et des horaires, sont inapplicables en télétravail (sauf à verser dans le présentéisme digital ; dérive dont il faut se méfier car l'usage intempestif des outils collaboratifs perturbe l'ensemble de l'équipe).

La question de la confiance est plus généralement cruciale dans le travail. Car pour coopérer, il faut évoluer dans un climat de confiance, à défaut de quoi l'autoritarisme prend le relais. Les sciences sociales ont ainsi démontré que la confiance est un facteur de performance puissant : +76 % d'engagement, +106 % d'énergie au travail, +50 % de productivité, -13 % d'absences (HBR, 2017). Que signifie alors la notion « confiance » dans le contexte du travail ? Une définition peut être formulée autour de trois piliers.

Résultats	Intégrité	Souci des autres
Faire confiance à quelqu'un, c'est pouvoir compter sur lui, savoir qu'il tiendra ses engagements. En ce sens, l'atteinte des objectifs est indispensable à la confiance. Les résultats priment sur les moyens : la meilleure volonté du monde ne suffit pas à compenser l'absence de résultats. Pour atteindre des résultats, ceux-ci doivent être clairement définis au préalable.	L'intégrité, c'est-à-dire la cohérence entre les paroles et les actes, est le second pilier de la confiance. On ne peut accorder sa confiance à quelqu'un que s'il fait ce qu'il dit, s'il dit ce qu'il fait, et s'il tient les mêmes propos quels que soient ses interlocuteurs. Les difficultés éventuelles doivent être partagées en toute transparence, dans un état d'esprit bienveillant et constructif.	Faire preuve de souci des autres, par opposition au souci exclusif de soi ou de sa carrière, est le troisième pilier de la confiance. On a plus facilement confiance en quelqu'un qui s'intéresse aux autres, qui se soucie autant de l'intérêt général que de son intérêt particulier, et qui est impliqué dans son collectif (coopération, urgences, disponibilité, convivialité etc.)

Source : R.B.Shaw, 1997

Comment construire la confiance ? Il est courant d'entendre dire que « la confiance n'exclut pas le contrôle ». Cela est vrai au début d'une relation de coopération, mais pas sur la durée – trop de contrôle étant plutôt signe de méfiance. L'indicateur d'une confiance solide est la sérénité, l'assurance qu'un collaborateur remplira à bien sa mission. Cela implique de se connaître, de s'entendre sur ladite mission, de s'aider ou de se dire les choses quand c'est nécessaire, pour *in fine* s'écarter et lâcher prise. Car il n'est pas de confiance possible sans autonomie ; et l'autonomie implique une posture managériale fondée sur la délégation.

Le management situationnel

En pratique, l'unique éthique de la confiance ne suffit toutefois pas toujours à manager. Comment alors articuler différentes méthodes de management (temps, objectifs, confiance...), qui peuvent paraître aussi complémentaires que contradictoires ? La théorie du management situationnel (Hersey, 1980) peut aider à trouver le juste dosage, en partant du principe qu'un bon manager doit adapter ses méthodes selon chaque collaborateur. Il s'agit alors d'évaluer le collaborateur selon son niveau de compétences et son niveau de motivation, et d'adopter des méthodes plus ou moins directives en fonction. Il en ressort quatre situations types, résumées dans l'illustration ci-dessous.

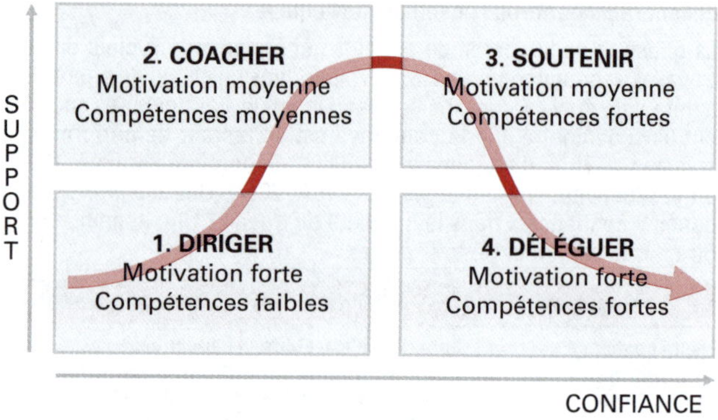

Cette façon d'appréhender le management mobilise différents outils, comme les objectifs ou le feed-back précédemment mentionnés, pour développer à terme les compétences et l'autonomie du collaborateur. Cette finalité implique d'abandonner les conceptions hiérarchiques du management, dans lesquelles nombre de collaborateurs ont évolué au XXe siècle ; mais elle est impérative pour construire des relations de télétravail vertueuses. On pourrait même dire : pour construire des relations de travail vertueuses.

Avant le démarrage du télétravail

Traiter les craintes

Des craintes peuvent exister au sein de l'équipe : image parfois négative du télétravail, risques éventuels de report de charge sur les collègues, inquiétudes sur la performance individuelle ou collective... Il appartient au chef de projet (ou à défaut, au manager) de recueillir ces craintes, et de rassurer en rappelant les fondamentaux partagés dans cet ouvrage : le télétravail est une journée de travail normale, les reports de charge doivent être anticipés et limités, les rôles de chacun restent inchangés, le télétravail est généralement synonyme de gain de performance...

Définir les règles

La mise en place du télétravail amène à se poser de multiples questions. Comment planifier les journées de télétravail des uns et des autres ? Faut-il un quota de collaborateurs au bureau ? Faut-il planifier autrement le travail de l'équipe durant la semaine ? Les modalités de *reporting* doivent-elles évoluer ? Comment maintenir les télétravailleurs dans la boucle des échanges informels ? Faut-il faire évoluer le format des réunions ? Que signifie « être joignable » quand on est à distance ? Quelles circonstances imposent un retour au bureau ? Il n'existe pas de réponses uniques à ces questions, car chaque équipe a ses spécificités. Aussi convient-il de les appréhender au niveau opérationnel local, et idéalement, au travers d'une méthode collaborative.

Co-construire le changement

Les craintes et questions que pose le télétravail offrent l'opportunité unique d'animer un projet d'équipe inspirant, permettant de moderniser plus largement l'organisation et les habitudes de travail. En particulier, on sait que le télétravail rend les collaborateurs plus autonomes (*cf.* page 28) et requiert des managers plus de confiance et de délégation (*cf.* page 35). Aussi fait-il sens de préfigurer ces comportements en adoptant d'emblée une méthode de co-construction du changement, consistant à déléguer les questions précédemment évoquées à l'équipe ; charge alors au manager d'animer la réflexion collective et l'élaboration de compromis. Il s'agit là, on l'aura compris, de cultiver les postures de responsabilité et d'écoute entre les membres de l'équipe : autant de qualités requises pour le télétravail soit un projet réussi dans l'équipe !

Les bonnes pratiques du manager

Instaurer un climat de confiance

- Encourager l'autonomie en créant des opportunités pour que les collaborateurs prennent des initiatives, résolvent par eux-mêmes des problèmes, se fassent des feedbacks entre eux, etc.
- S'assurer que les télétravailleurs restent connectés et impliqués... tout en s'assurant que l'équipe au bureau ait les bons réflexes pour garder les télétravailleurs dans la boucle !

- Encourager la solidarité d'équipe en cas de besoin du télétravailleur, en cas d'urgence au bureau, etc. Ne pas hésiter à confier des tâches urgentes aux télétravailleurs.
- Rester accessible et à l'écoute des télétravailleurs, et veiller plus généralement à un traitement équitable de tous, notamment dans la charge de travail et le *reporting* exigé.

Cultiver l'esprit d'équipe

- Entretenir la cohésion par des rencontres régulières, des moments de convivialité réunissant toute l'équipe, des points d'avancement réguliers, des célébrations des succès collectifs, etc.
- Encourager la collaboration en confiant des projets collaboratifs, des tâches interdépendantes, en laissant les collaborateurs résoudre collectivement des challenges.
- Encourager les échanges informels dans l'équipe, par exemple par un café-virtuel, par des jeux à distance, ou simplement en consacrant une minute pour prendre des nouvelles.
- S'assurer de la bonne maîtrise des outils collaboratifs par tous, et d'un alignement sur les canaux de communication à utiliser selon les circonstances.

Quid des réunions importantes ?

De nombreux outils permettent d'organiser des réunions à distance. S'il est estimé qu'une présence physique est indispensable, le manager a le droit de demander à un télétravailleur de décaler ou d'annuler sa journée de télétravail. Il convient toutefois de bien s'interroger sur la nécessité d'être physiquement présent. Les réunions en présentiel sont à privilégier pour les moments conviviaux, sensibles ou en clientèle. Pour les moments plus institutionnels nécessitant peu d'interactions, comme pour la réunion d'équipe où chacun partage son actualité à tour de rôle, il n'est pas certain qu'une présence physique soit nécessaire !

▶ Les bonnes pratiques du télétravailleur

- **Disponibilité** : Le télétravail ne doit pas signifier isolement. L'équipe continue d'avoir besoin des télétravailleurs, lesquels doivent indiquer explicitement leurs disponibilités à distance, et rester à l'écoute des questions et remarques de leurs collègues.
- **Réactivité** : Face à un problème, à une urgence ou à une information importante, il faut d'emblée partager avec le reste de l'équipe. Attendre de retourner au bureau risquerait de faire perdre du temps à tout le monde.
- **Continuité** : Le télétravail doit s'intégrer de manière fluide dans l'agenda personnel et collectif sans devenir une contrainte pour l'équipe, l'activité ou le client. Les jours de télétravail doivent pouvoir être reportés en cas de nécessité.
- **Convivialité** : Le télétravail ne doit pas affecter la convivialité entre collègues. Il est essentiel de participer aux moments informels ou conviviaux organisés au bureau. À distance, de nouveaux rituels permettent de resserrer les liens si nécessaire (ex : café virtuel).
- **Sensibilité** : À distance, la communication est parfois plus délicate. Sous réserve que cela n'affecte pas la continuité de l'activité,

il convient donc d'attendre le retour au bureau pour partager des informations plus sensibles ou complexes (ex : un feedback négatif).

Digital : connecter sans surchauffer

- En télétravail comme au bureau, il est bon de dire bonjour à son équipe
- Être joignable ne veut pas dire répondre dans la seconde, il est bon aussi de respirer
- Un télétravailleur a le droit de prendre une pause sans son téléphone à la main
- Être transparent sur sa disponibilité vaut mieux qu'entretenir le flou à distance
- Un bon *reporting* est préférable au présentéisme digital, qui nuit à la performance de tous
- En télétravail, les horaires et les objectifs restent la règle d'or du contrat de travail
- Il faut savoir annuler un jour de télétravail pour être au bureau quand c'est important
- Se connecter, c'est enfin rester engagé : partager l'information, faire des propositions…

L'ordinateur

S'il est évident que le télétravailleur doit disposer d'un ordinateur pour exécuter ses missions, il vaut la peine de rappeler les avantages à ce que cet ordinateur soit fourni par l'employeur. Cela permet d'assurer la bonne maintenance de l'équipement, de sécuriser le système information de l'entreprise, et de séparer les usages professionnels et personnels. À noter qu'en complément de l'ordinateur (lequel est généralement portable pour pouvoir être utilisé au bureau), il est recommandé par souci d'ergonomie de surélever le poste et donc d'y adjoindre un support, un clavier et une souris. Pour certains métiers, l'ajout d'un second écran constitue également un must en termes d'ergonomie et d'efficacité.

La téléphonie

Il faut éviter d'utiliser la ligne téléphonique personnelle du télétravailleur, cela générant trop d'interférences entre la vie privée et la vie professionnelle. La solution idéale est donc de fournir un téléphone portable au télétravailleur – nul besoin qu'il s'agisse d'un smartphone dernier cri, quoi que cela puisse être utile pour apporter une connexion Internet 4G de secours. Il n'est pas rare qu'un employeur opte plutôt pour une solution de téléphonie VoIP (ie. téléphonie *via* l'ordinateur) ; solution intéressante d'un point de vue économique, mais qui présente un inconvénient majeur : lorsqu'un problème survient sur l'ordinateur ou sur Internet, ou lorsque l'ordinateur est fermé, la communication est complètement coupée entre le télétravailleur et l'employeur.

L'accès à distance

Un maximum d'applicatifs et de bases de données doivent être accessibles à distance, à défaut de quoi le télétravailleur ne peut pas réaliser ses missions habituelles. Cette règle peut toutefois faire l'objet d'exception lorsqu'il s'agit de données ou de fonctionnalités devant faire l'objet de mesures de sécurité particulières : dans le monde bancaire, c'est par exemple le cas des opérations exécutées en salle de marché. De façon générale, il convient de sécuriser l'ordinateur du télétravail et sa connexion entre le système d'information de l'entreprise par l'usage du VPN (pour plus d'information les questions de sécurité, *cf.* page 44). Enfin, l'employeur doit prévoir suffisamment de bande passante pour les connexions distantes à son système d'information, sans quoi la rapidité de l'expérience utilisateur sera réduite, et avec elle, l'efficacité du télétravailleur.

Les logiciels collaboratifs

Au-delà des applicatifs nécessaires aux collaborateurs pour réaliser leurs missions habituelles (CRM, ERP, bases documentaires etc.), l'employeur doit prévoir un environnement applicatif facilitant la collaboration à distance. Faut-il rappeler qu'en la matière, une simple boîte e-mail ne saurait suffire ? Il faut aussi prévoir des outils de messagerie instantanée, de visioconférence, de partage d'écran, de collaboration synchrone, de réseaux sociaux… L'expérience des années 2010, durant lesquelles il était courant qu'un employeur verrouille un environnement d'applicatifs désuets, a montré que cela était contre-productif, car les collaborateurs trouvent des moyens pour contourner ces restrictions, quitte à utiliser leurs outils personnels. L'employeur doit donc prendre les devants pour offrir un environnement collaboratif à la hauteur des standards du marché, évitant ainsi la dissémination des données de l'entreprise sur des outils hors de son contrôle. Il s'agira alors, pour l'employeur, d'anticiper un autre risque : celui de la multiplication des outils collaboratifs. Sur tous ces sujets, la République Française est assez exemplaire, en offrant à ses agents une panoplie d'outils ergonomiques, sécurisés, et parfois open-source : rendez-vous sur le site numerique gouv.fr pour en savoir plus !

L'autonomie digitale

Les meilleurs outils du monde ne seront pas d'une grande utilité si les collaborateurs n'en maîtrisent pas l'usage. Un dernier outil doit donc être mentionné : celui de la formation au digital, qui constitue un enjeu critique pour la réussite du télétravail. À cet égard, il peut s'envisager une logique de « passeport digital », reprenant par exemple les items mentionnés (de façon non-exhaustive) dans le schéma ci-dessous.

FONDAMENTAUX DE L'AUTONOMIE DIGITALE

(exemple - source : lbmg worklabs 2020)

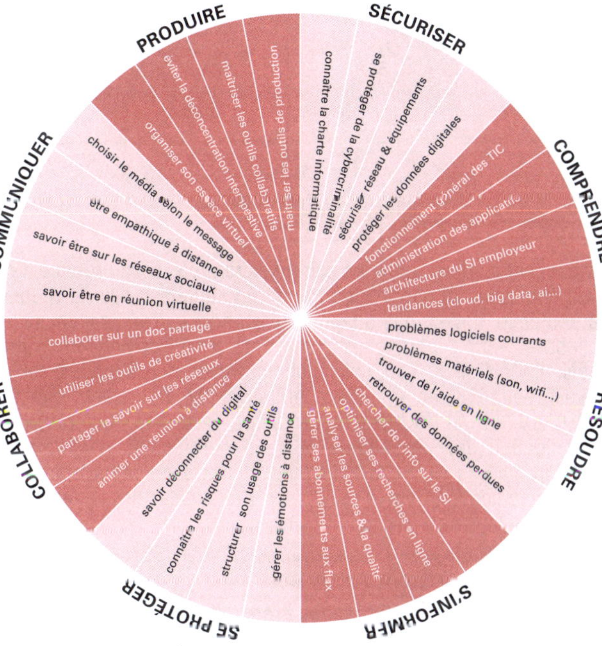

Du bon usage des tic

Si les technologies de l'information et de la communication (TIC) offrent une large panoplie d'outils pour communiquer et collaborer à distance, elles présentent parfois des risques. Ainsi être trop connecté induit des difficultés de concentration, voire du stress et de la fatigue. À l'échelle collective, ces outils ne sont pas toujours adaptés à une bonne compréhension interpersonnelle, notamment pour les messages sensibles, pour lesquels il faut privilégier le face-à-face. Chaque équipe doit donc réfléchir à la façon dont elle souhaite utiliser les TIC, et définir sa propre charte visant à associer le bon média en fonction de la nature des échanges. Exemple dans le schéma ci-dessous.

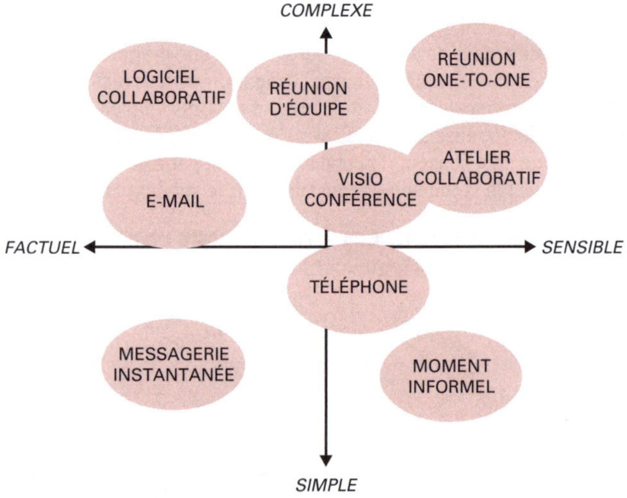

Le courrier électronique

L'e-mail est à utiliser pour les échanges formels, sans urgence, dont il est important de garder une trace : un compte rendu de réunion, par exemple. Il n'est pas adapté aux situations urgentes, sensibles, collaboratives ou informelles : pour cela, il faut privilégier d'autres outils. En ce sens, son utilisation massive et prépondérante au travail résulte d'une mauvaise appropriation des outils digitaux. Cela perpétue en effet les mécanismes de division du travail, de multiplication des procédures et de déperdition de l'information. En télétravail, le risque est de faire exploser de façon chaotique les communications par e-mail, sans rationaliser ni capitaliser les échanges.

La messagerie instantanée

Le *chat* est adapté aux échanges brefs, interactifs, informels. C'est par exemple le bon média pour dire bonjour à son équipe ou poser une question rapidement. Toutefois, il doit s'utiliser modérément, au risque de constamment solliciter le télétravailleur. À noter qu'il s'agit d'un très bon moyen d'indiquer, par le jeu du « statut », sa disponibilité au reste de l'équipe. Le statut peut ainsi être par défaut « Disponible », mais passer à « Occupé » en cas de réunion ou de besoin de concentration. Le statut « Indisponible » est à réserver aux moments de déconnexion (pause du midi par exemple).

Le réseau social

Bien qu'ayant historiquement fait l'objet d'une certaine méfiance, notamment du fait qu'ils « rendent publics » les échanges, les réseaux sociaux d'entreprise connaissent depuis quelques années un succès grandissant. À mi-chemin entre l'e-mail et le *chat*, ces outils permettent de structurer les échanges en différents « fils » (ex : finances, commercial, projets, convivialité…) auxquels les collaborateurs sont inscrits selon leurs intérêts ou leurs missions. Cela permet de partager l'information et d'en garder un historique, évitant ainsi la dérive du « tout e-mail ». En télétravail, il s'agit d'un outil essentiel.

Le téléphone

Le téléphone est adapté aux messages urgents, complexes ou sensibles. En conf-call, les participants veilleront à s'installer dans un environnement silencieux, et à respecter le temps de parole des uns et des autres. Attention à l'usage du téléphone lorsque le télétravail est effectué depuis un lieu public : comme il est moins encombrant qu'un ordinateur, le téléphone permet de déambuler dans l'espace, et les conversations confidentielles peuvent tomber dans l'oreille de tiers…

La vidéoconférence

La vidéoconférence est adaptée aux réunions visant à créer de la proximité entre les interlocuteurs, ou quand la communication non-verbale aide à mieux se comprendre. L'une des principales difficultés de ce type de réunion est de ne pas décrocher, notamment à cause des bruits parasites produits par les participants (notamment celui qui tapote le compte rendu sur son clavier), ou à cause des distractions présentes à l'écran (ex : naviguer sur Internet pendant la réunion). Chacun doit donc se discipliner en visioconférence, ce qui sera d'autant plus facile que la réunion ne durera pas trop longtemps. Si certains participants sont réunis au bureau, ils doivent faire attention aux conversations en aparté, qui rendent la réunion incompréhensible pour les participants à distance.

Attendre et déconnecter

Les TIC peuvent générer un climat d'instantanéité et d'urgence continue. Pourtant, il faut parfois savoir attendre ; attendre par exemple d'être en face-à-face quand le message est complexe ou sensible. Enfin, il est essentiel de déconnecter en dehors des heures de travail : c'est un droit inscrit dans le Code du travail, et c'est un devoir pour qui souhaite garder la forme et la santé !

▶ Télétravailler est-il risqué ?

La question de la sécurité des données a longtemps constitué un frein au télétravail, l'idée qu'un salarié puisse manipuler à domicile des données sensibles ou personnelles cristallisant de nombreux fantasmes. À notre connaissance, depuis 20 ans, le télétravail ne semble pourtant pas avoir causé de problèmes substantiels à la cybersécurité, d'autant qu'il est majoritairement effectué à domicile. Les menaces à la sécurité des données ont en pratique deux causes principales : le manque de robustesse du système d'information face à la cybercriminalité ; et le manque de vigilance des collaborateurs (partage de données avec des tiers, manque de discrétion dans des lieux publics...). C'est donc en travaillant sur ces deux sujets, et notamment au travers d'une formation efficace des collaborateurs aux règles et bonnes pratiques de sécurité, que l'on traitera le « risque du télétravail ». Or en la matière, trop d'entreprises pèchent toujours par laxisme au sein même de leurs propres locaux...

▶ Que dit le droit

Le droit est étonnamment silencieux sur la relation entre télétravail et sécurité des données. Si le sujet de la protection des données est évoqué dans l'ANI de 2005, et dans la loi de 2012, les deux textes renvoient simplement à la CNIL et au règlement intérieur des entreprises. C'est donc le régime général de la loi Informatique et Libertés de 1978 qui structure le sujet, posant notamment le principe : « de prendre toutes précautions utiles, au regard de la nature des données et des risques présentés par le traitement, pour préserver la sécurité des données ». Depuis quelques mois, la CNIL partage un ensemble de recommandations pour sécuriser l'expérience du télétravail, présentées ci-après.

▶ Dans la pratique

Dans la pratique, les entreprises approchent le sujet de façon très diversifiée. Dans le domaine bancaire, par exemple, certaines institutions sont extrêmement précautionneuses, interdisant l'usage de certains logiciels ou la réalisation de certaines opérations en télétravail ; alors que d'autres considèrent que le télétravail ne pose pas de risque supplémentaire et autorisent la grande majorité de leur personnel à télétravailler, même quand cela implique de réaliser des opérations financières ou de manipuler des données personnelles à distance. Il convient de noter que les employeurs souhaitant opter pour la précaution doivent anticiper un chantier colossal visant à cartographier l'ensemble des opérations informatiques et à jauger du risque de chacune à être réalisée en télétravail.

▶ Que faire côté employeur ?

- Réguler les usages informatiques au travers d'une charte de sécurité.
- Équiper les postes de pare-feu, anti-virus et outil de blocage des sites malveillants.
- Mettre en place un VPN avec authentification à deux facteurs.

- Bloquer les accès à distances pour les applicatifs ou serveurs non sécurisés.
- Fournir aux salariés tous les outils nécessaires (pour éviter l'usage de logiciels non-maîtrisés).
- Favoriser les logiciels garantissant la confidentialité des données (ex : éviter Zoom).
- Utiliser des protocoles garantissant la confidentialité et l'authentification (https, sftp…).
- Appliquer les derniers correctifs de sécurité aux équipements et logiciels.
- Mettre en œuvre une authentification à double facteur sur les services accessibles à distance.
- Vérifier les journaux d'accès aux services pour détecter les comportements suspects.

Que faire côté télétravailleur ?

- Utiliser un réseau wifi chiffré WPA2 ou WPA3, avec un mot de passe complexe.
- Protéger l'ordinateur avec un mot de passe non trivial (ex : pas de prénoms).
- Éviter de transmettre des données *via* des services grand public (ex : WeTransfer).
- Ne pas communiquer des données professionnelles à des tiers non-habilités.
- Chiffrer les données avant de les transmettre (avec des logiciels comme 7zip ou Zed).
- Utiliser uniquement les applications et matériels autorisés par l'employeur.
- Verrouiller systématiquement l'ordinateur lorsqu'on s'en éloigne.
- Ne pas stocker de fichiers sur un support amovible (ex : clef USB).
- Ne pas laisser des tiers utiliser un ordinateur professionnel.
- Ne pas utiliser le matériel à des fins personnelles.
- Prendre garde aux tiers pouvant voir l'écran ou écouter les conversations.
- Ne jamais ramener de documents papier en télétravail.
- Conserver le matériel informatique dans un endroit sécurisé.

QUEL TÉLÉTRAVAIL APRÈS LA PANDÉMIE ?

Il en a été fait mention à plusieurs reprises dans cet ouvrage : la pandémie de 2020 a radicalement changé le regard porté au télétravail. S'il est désormais difficilement justifiable de refuser cette modalité d'organisation du travail, c'est aussi l'occasion, pour les employeurs les plus volontaires, de réfléchir aux opportunités et aux défis qu'un télétravail nouvelle génération peut offrir. En voici un aperçu.

Attractivité

La pandémie ayant accéléré diverses mutations (digital, télétravail, bureau...), il faut s'attendre à la multiplication des modèles organisationnels offerts aux salariés. Cela aura un impact sur l'attractivité des entreprises auprès des jeunes talents.

Géographie

Les confinements successifs ont remis au goût du jour le travail nomade, par exemple en minivan ; et le télétravail à la campagne ou à l'étranger. Dans ces conditions, est-il encore pertinent de « rattacher » un collaborateur à un établissement ?

Rémunération

Il est coutume d'adapter le niveau de rémunération au coût de la vie locale, octroyant notamment un bonus dans les métropoles. Mais est-ce toujours pertinent ? Quid de l'équité au fur et à mesure que les collaborateurs déménageront ?

Bureau

Face au « cosy » du domicile et au « bien-vivre » du tiers-lieu, le formalisme du bureau fait pâle figure. Comment mettre à niveau l'environnement de travail, son atmosphère et ses services, pour donner envie aux équipes de revenir au bureau ?

Temps

Le télétravail génère une déstructuration des horaires de travail. Doit-on alors défendre les horaires contractuels, les heures de bureau et de déconnexion ? Ou faut-il repenser la vie d'équipe, et réfléchir aux opportunités business d'un temps plus flexible ?

Frontière

La frontière entre la vie privée et professionnelle s'estompe avec le télétravail. Existerait-il des bénéfices à aller plus loin dans l'hybridation des sphères ? Qu'en pensent les *digital natives* ? Peut-on faire la fête au bureau, voire même y dormir ?

Psychosocial

Le télétravail ne réussit pas à tous, et rend moins visible les émotions. Comment l'employeur peut-il prendre les devants sur les RPS ? Jusqu'où peut-il aller considérant qu'il est responsable de la santé du salarié, mais confronté au secret médical ?

Manager

Le télétravail accroît l'autonomie, mais la relation managériale reste fondée sur le principe de subordination. Faut-il repenser de fond en comble le management ? Réduire le volume de managers ? Envisager des modèles organisationnels moins hiérarchiques ?

Collectif

On suppose qu'aller au bureau génère du collectif et donc de l'engagement. Mais est-ce bien le cas ? Faut-il alors des community managers ? Comment embarquer les introvertis ? Quid du sens du travail comme source de collectif et d'engagement ?

Planète

À une époque marquée par les inquiétudes écologique et le risque d'effondrement, les entreprises doivent renforcer leurs stratégies RSE. Le télétravail peut les y aider, en réduisant drastiquement l'empreinte immobilière et carbone.

Immobilier

Sur le volet immobilier, des économies conséquentes peuvent être réalisées grâce au télétravail. Cela peut impacter positivement le modèle économique de l'entreprise, et amener à flexibiliser les dépenses immobilières par le recours aux espaces de coworking.

Demain

Les dirigeants doivent se concentrer sur ces différents enjeux stratégiques, et éviter l'écueil d'une réflexion limitée au « nombre de jour de télétravail ». Ne faut-il pas d'ailleurs déléguer le sujet du télétravail et responsabiliser chaque équipe sur le sujet ?

82070 - (I) - OSB 80 - P186U - PCA - NRI
Imprimerie Chirat - 42540 Saint-Just-la-Pendue

Dépôt légal : février 2021

Imprimé en France